AQUARIUS

AQUARIUS

AQUARIUS

AQUARIUS

Catcher

一如《麥田捕手》的主角，
我們站在危險的崖邊，
抓住每一個跑向懸崖的孩子。
Catcher，是對孩子的一生守護。

先陪伴，再教養

讀懂孩子不愛念書、
手機滑不停背後的困境，
校園心理師給**青春期父母**
的27則心法

蔡宜芳（諮商心理師）著

【推薦序】

先理解，再反應，當我們面對難搞的青春期孩子

／陳品皓（米露谷心理治療體系策略長）

我擔任兒童及青少年心理治療師十多年，服務過上千位在學校現場的孩子，以及曾經和數百組家庭合作，深深體會到這個世代的孩子不輕鬆，而父母更辛苦。

孩子們有各式各樣的困擾，而父母則是有數不盡的挑戰，你可能好奇：「父母就是負責教養而已，有什麼好挑戰的？」

會這麼認為的人，大概很少體驗過身為家長心中的牽掛和糾結；這些和孩子緊緊相連在一起的在意，大概會是一輩子難以放下的負荷。尤其現代的父母，夾雜在上下兩代

不同的成長經驗與教養期待之間，常常面臨著世代間的文化差異和衝突。

我們這一代的爸爸媽媽，在成長的過程中，多半是鑰匙兒童世代（因父母忙於工作，而孩子獨自留守在家），獨立自主、情感交流陌生，是我們共同的時代印記。直到我們長大，成為了父母，隨著資訊和科學研究的普及，社會發展愈來愈重視教養與家庭的功能。我們被賦予更多的期待；從生理上的照顧，到心理健康的重視，我們的角色不僅只是物質條件的供應者，更是孩子心理發展的關鍵角色。

也因此，現代的父母總是有學不完的知識和觀念，因而常常有一種莫名的罪惡感，深怕自己一個地方不小心做錯，就會影響到孩子日後的人格或行為。當資訊愈多，就愈難篩選，愈難選擇就愈難依循，於是就愈憂慮、擔心。所以父母難為，不只是親子關係中的天性使然，也是時代脈絡下的結果。

但是關於教養，我們真的需要這麼多的知識嗎？我個人的看法是：「需要，但要挑重點。不說空話，看法能得到專家支持，又有具體建議，內容能符合現在家長核心需求」的知識，最能作為父母成長的參考。

多了，無助於我們理解、消化，但是若少了，又有隔靴搔癢之憾。在這樣嚴苛的期待下，就讓宜芳心理師的新作《先陪伴，再教養——讀懂孩子不愛念書、手機滑不停背後的困境，校園心理師給青春期父母的27則心法》更顯難得。

宜芳心理師學經歷豐富、完整，不僅實務工作精熟、專業，同時身為家長，更能從父母親的角度切入教養中的各項在意和難題，讓專業理論用平易近人的方式，直接走進現實生活，幫我們解決親子關係的種種難題。

爸爸媽媽面對青春期孩子會出現的擔憂，書中都詳細地做了分門別類的介紹，除了提出形成的原因分析，也提供了改善的建議。

從孩子在學習上遇到的問題開始，再到大家關切的網路問題、青春期的各項常見困擾行為等等，這些都是非常常見的親子衝突的問題所在。就以學習為例，孩子們現今在素養導向教育下，強調內在動機的引發。然而，我們往往在許多不經易的互動習慣中，降低了孩子的學習興趣而不自知，最終不是衝突，就是放棄，相當可惜。但是在宜芳的書中，我們可以看到完整的說明，經由這些理解，得到應對的方向。

讓我們先理解，再反應，這種順序也是溝通中很重要的原則，而宜芳心理師的新作，便是呈現出了同樣的精神。

對於家有青春期孩子的家長，或是和孩子溝通遇到挑戰的朋友，你們都是有心人。有時候，我們需要一些建議、一些指引，一些經驗的分享，就能幫助我們化險為宜，度過關係中的阻礙。宜芳心理師的《先陪伴，再教養——讀懂孩子不愛念書、手機滑不停背後的困境，校園心理師給青春期父母的27則心法》，便是為了這樣的目標而存在的佳作，一本為關係而生的好書。

【推薦序】

在青少年的世界裡，找到溝通、互動的方法

／謝政廷（國立台北教育大學心理與諮商學系助理教授兼心健中心執行長、芳蘭心理諮商所所長）

從瞭解青少年開始

我是一名大學老師，也是一名諮商心理師。在這十五年來，我持續從事輔導諮商工作，陪伴許多青少年及其家庭。我的經驗是，青少年的輔導議題隨著時代變化有不同的樣貌呈現，但不變的是，家長都盡可能想方設法，想和青少年的孩子進行溝通，卻經常不得其門而入！到底為什麼會出現這樣的現象呢？我想或許需要從瞭解青少年的發展

與心理狀態開始談起。

「作者的這本書，傳遞的主要概念之一，就是瞭解青少年！」

作者在第一部分，便先從許多家長與青少年會有的日常紛爭——學習，開始談起。家長經常將學習視為是青春期孩子的主要任務與責任，而青春期的孩子對於自己的學習可能有其方式與步調，甚至不理解那些「無聊」的學習到底和自己有什麼關係，何以要學這些東西。家長與青少年雙方站在不同的位置上而有不同的立場，因此可能產生衝突。作者在第一部分就從「學習」的議題開始，協助家長，從瞭解青少年到幫助孩子找到學習動機、提升學習動機，並且也具體分享家長可以如何和老師合作，一起幫助青少年孩子學習的策略。

在第三部分，作者列舉幾個當前家長感到頭痛的問題，像是：說謊、作弊、變壞等議題，從青少年可能有的心理需求與情緒狀態，說明這些行為背後的意涵，幫助家長可以更瞭解青少年，進而思考可以如何理解與面對青少年的這些行為。並且，書中特別列出與青少年常面對的「手機使用」議題。透過內容的閱讀，幫助家長瞭解，原來青少年使用手機經常與「成就感」及「歸屬感」有關，並且從「時間的管控」的角度談起，避免青少年手機使用行為的惡化，甚至成為親子衝突或師生衝突可能的爆點。

在第四部分，作者探討讓家長相當頭痛的「情緒議題」。青少年呈現情緒的樣貌相當多元，如果是外顯的情緒行為，像是打架、暴衝等，家長可能都相對容易發現並及時處理，然而，不少青少年經歷到的是家長相對較難以發現的內向情緒議題，像是憂鬱、負向思考、自責等。往往等到家長發現時，可能孩子的情緒議題都已經對生活產生不小的影響了。作者依據常見的情境，分享青少年情緒背後可能的心理需求、回應原則，以及需要避免的回應方式。這些都能夠給予讀者具體的參考，也讓為青少年擔心的家長有務實的做法，而產生定錨般的安心感。

在青少年的世界裡，找到溝通、互動的方法

許多陪伴青少年成長的家長，經常可能出現的想法是：「為什麼青少年這麼難溝通？」「講話為什麼那麼衝？是要找我吵架嗎？」「當家長真難為，辛苦賺錢養孩子，還要忍受孩子的情緒。」其實，青春期的孩子有獨特的說話方式、回應方式、互動方式，如果可以站在青少年的世界裡試著去理解，溝通就會有可能，也就不再那麼困難。

作者在第二部分，鼓勵成人調整自己的視角，以進入青少年的世界，並且分享青春期的孩子經常說的話，例如「不知道」、說反話、不聽話背後的心理需求，從大人應該如何回應、如何互動，提供家長許多務實且具體的方法。此外，也與讀者分享作者從事青少年心理諮商工作多年的錦囊妙計——「我訊息」的溝通技巧。

在第五部分，作者深入淺出地談依附關係、伴侶關係對青少年的發展層面，以及親子關係可能的影響。關係是一段共構的互動歷程，因此，親子雙方一旦有任一方產生改變，另一方勢必也會帶出連動的改變。朋友關係、伴侶關係是如此，親子關係更是如此。作者透過書中的分享，帶讀者共同反思「互動」的觀點，以及衍生思考單方改變可能帶來的漣漪效應。

貼近父母——從自我照顧結束

當父母是一段不容易的過程，沒人天生就會當父母，成長過程也沒人教我們怎麼樣當父母。因此，當父母的辛苦也需要被看見。並且，父母願意為了孩子努力，也值得被看見與肯定。但是，父母的努力，往往都很難被看見，更遑論被肯定，也因此，父母的自我覺察與自我照顧便顯得特別重要。

作者在第六部分，帶著讀者共同思考：何以家長會對孩子有某些期望、這些期望是否可能與家長個人有關？有時候家長沒來由地對孩子發脾氣，是否可能也與自己的成長經驗有些關係？並且，作者也帶著讀者共同反思，當父母的自己其實已經夠努力了！有時候孩子的情況遲遲未改變，不是自己做得不夠或是哪裡做錯，而是可能需要更多的時間，孩子才會像種子一樣慢慢長大。我深深感覺能夠閱讀這本書的父母，真的很有福氣！可以在挫折的教養經驗中被同理與支持，也才能有更多的動力，繼續陪著青少年往前進。

關係不是萬靈丹，但卻是可能的解方

作者透過自身在諮商輔導豐富的實務經驗，從當前青少年與父母常見的互動議題出發，以瞭解青少年作為起點，在青少年的世界裡找到溝通與互動的方法，並且以父母的自我覺察與照顧作為結束。不過，當中還有一個關鍵的核心，那便是「關係」。本書提到由青少年常見議題所衍生出來的親子衝突，其中的可能解方是「關係」。有品質的關係、有陪伴的關係、具滋養的關係，雖然這沒辦法解決青少年所有的問題，但卻可能讓許多問題有機會被解決。

誠摯地邀請，並推薦你一起閱讀這本貼近生活經驗、提供務實與具體策略、催化反思與改變的好書！相信閱讀完這本書，你將學到：「青春期孩子不是難溝通，而是需要你和他站在同一陣線」！

【前言】

你不是不會當媽媽，你可能只是太累了

我的第一本書《接住墜落的青少年——我與那些受傷的孩子，及他們不安的家庭》寫了二十五個不同孩子的案例故事，像是偷竊、拒學、說謊、作弊、割腕、單親、分手、ADHD（注意力不足過動症）等，我寫了我怎麼和這些孩子及他們的家庭一起工作。

但嚴格來說，我覺得這本書對於一般家長的幫助可能不是那麼大，因為你的孩子不可能同時有上述這二十五個狀況。這本書，對於部分家長、教師及輔導工作者可能更為實用。

我長期在國中教育現場工作，面對到更多孩子一般性的狀況，例如：學習態度消極、課業成就低落、做事拖拖拉拉、頂嘴、說謊等，說大不大、說小卻也不小的問題行為。這些，也是很多家長共同的困擾，於是催生了這本新書的誕生。

第一章，談的是絕大多數父母關注的「學習」議題，當孩子對於學習沒動機、被動，不管父母怎麼催促、苦口婆心，孩子還是不想讀書，或是一讀書就放空，這個時候，父母還可以怎麼做。

第二章，當孩子難以溝通，父母該如何是好？你可能開始覺得孩子進入青春期後，和你很不對盤，孩子有更多自己的意見、不想聽你的話，甚至頂嘴、態度不佳。這一個章節會和你談談「父母可以怎麼說，孩子比較不會那麼反彈」，以及如何更靠近孩子的心。

第三章，談的是孩子常見的問題行為，例如：說謊、頂嘴、作弊等，我們可以先試著去理解孩子問題行為背後的動機，孩子的問題行為滿足了什麼需求。另外，孩子手機不離手、甚至有網路成癮的狀況，也是許多父母的困擾。這一章，也會和你分享如何陪伴孩子上網不迷「網」。

第四章，當孩子有情緒困擾，暴怒、大吼、不耐煩、容易自責、有心事卻藏在心裡，甚至有憂鬱症的狀況，父母可以如何陪伴孩子度過青春期的情緒風暴。

第五章，談的是親子互動如何影響孩子的行為。我們常常會認為，孩子的狀況是孩子個人的問題。但從家族治療的觀點來看，很可能是夫妻和親子之間的互動關係，導致孩子的行為更加根深蒂固，甚至變本加厲。這一章就讓我們談談如何破解親子、夫妻互動的惡性循環。

第六章，談的是父母的自我照顧，我覺得這是最關鍵，也是最重要的。因為，當父母先把自己照顧好，成為孩子穩定的支持力量，孩子自然會慢慢變好。

你不是不會當媽媽，你可能只是太累了

我是國中輔導教師，同時也是親職教育講師、專欄作家。多重身分再加上媽媽的角色，我發現當我太累的時候，例如：工作量太大、工作壓力大、睡不飽……面對雙寶哭鬧、耍賴、吵架的狀況，我的包容度就會變低。

這也讓我看到，當我自己都快搞不定自己，孩子又不配合時，我就會忍不住對孩子大聲說話，但其實這也是我的情緒在提醒自己：「我真的太累了！」

而當我對孩子大聲說話，孩子可能會哭鬧得更大聲，又或是孩子可能暫時壓抑情

緒，但久了，孩子還是會爆發。我發現最近大寶更容易對二寶大聲說話，導致二寶大哭大叫，我也開始暴躁，而形成惡性循環。

相反地，當我自己工作適中、身心狀況良好時，我對孩子就能比較有耐性，對於哭鬧聲的接受度較高，也比較能循循善誘，較能忍住不大聲說話，且去理解孩子鬧脾氣背後的原因，甚至能用幽默的態度去面對孩子的耍賴行為。當家裡的氣氛較好，孩子也比較不容易鬧脾氣，就變成了正向循環。

因此，當你面對孩子時，你可以先檢測一下自己的電力是否還足夠：現在電力是充飽了？還有一半的電？還是快沒電了？我很清楚，當我忍不住對孩子發火而非好好講話時，其實是因為我已經非常疲倦，內在感到耗竭了。

如果你發覺自己的電力不足，請先充電，再來面對孩子，例如：「讓自己冷靜五分鐘，再去接小孩」、「深呼吸五次之後，再對孩子講話」；或是做一些事，以減少心力負荷，例如：「原本是自己做晚餐，改成用買的」、「告訴家人自己有點累了，詢問家人是否能多幫忙一些」。

當我們能安頓好自己的內在，就能好好地靠近孩子的心，陪伴孩子面對他各種說不出口的情緒。如此一來，孩子的內在就能長出更多的「安全感」。孩子會知道，不管他鬧脾氣還是做出不當的行為，他都不會被拋棄或被討厭，都會有一個人在旁邊陪著他去理解自己。

孩子會知道，父母的愛，不會因為他不乖就消失，愛一直存在。父母的理解與陪伴，滋養著孩子內在的「安全感」不斷成長、茁壯，讓孩子也能好好愛自己。

問題不是一朝就惡化至現在的狀況，孩子也不可能馬上就好起來

我的兩個孩子個性截然不同。大寶配合度高、乖巧，二寶鬼靈精怪，喜歡爬上爬下、丟東西，除了曾經去攪馬桶水，最經典的是二寶把手機和各種東西放進微波爐，還把室內拖丟進氣炸鍋，還好二寶不會按開關，所以拖鞋完好如初；但隔天，她又把鉛筆和玩具丟進氣炸鍋，我婆婆不得已，只好把氣炸鍋黏起來……

諸如此類在大寶身上不會發生的事情，二寶全部都會做，例如：在牆上、門上和各種地方畫畫、把衛生紙全部抽出來滿地都是、把水倒在沙發上……

最糟的是，向來乖巧、聽話的大寶最近對二寶很有敵意，只要她覺得二寶說錯了、在命令她，或是她沒辦法當第一名，她就會對二寶咆哮、尖叫，完全變了一個人的樣

子。其實，二寶根本就沒有在針對她，但大寶的個性倔強又好強，當大寶鬧脾氣時，實在是讓人不禁氣打從心底來。

有一次，我真的覺得受夠了，因她對二寶實在是太過分了，我忍不住修理了她。但我發現，狀況並沒有變好，她對二寶的態度愈來愈糟。

有天晚上睡前，她又好幾次對二寶咆哮、尖叫，甚至不斷對二寶大吼：「我真是受夠你了！」我赫然發現，這是我上次打她時，我不斷說的話。我知道，我如果再打她，她只會把氣出在二寶身上而已；而當她又對二寶不客氣，我又會想修理她，變成惡性循環。

我知道她沒睡午覺、感冒還沒好，其實是身體不舒服又累壞了，才會讓這個狀況變得更加嚴重。因此，我忍住想修理她一頓的衝動，我不斷地深呼吸，試著用平緩的語氣回應她，給她一個晚安吻。很快地，她睡著了。

當她欺負妹妹，我知道她是吃醋了，是在討愛（**歸屬感**）；另一個可能的原因是不想輸給妹妹，這是**價值感**的追求。但倔強又好強的她，那一臉蠻橫的樣子，實在是讓人非常想對她發火；但其實，她除了需要有人堅定地告訴她明確的規範以外（例如：不能動手、生氣時要練習好好說），也需要有人給她秀秀、抱抱啊。

當她知道爸媽的愛不會因為妹妹而不見（**歸屬感**），不管怎樣，她都是有價值的、都是一個很棒的孩子（**價值感**），她對妹妹的敵意就有可能減少。但我不知道這一天哪時候才會到來……

其實，我心裡也覺得既疲憊又無助。去年有整整兩、三個月的時間，手足衝突很嚴重，現在居然又開始了，而且變本加厲。當每天這樣的情形不斷上演，真的讓大人很累，覺得耐性都快被用光了。

如果五歲孩子的情緒張力就這麼強，需要父母不斷地循循善誘，並且如此費心地處理及陪伴，那麼自認為是小大人的青少年呢？孩子的狀況不是一朝一夕造成的，可能在國小就出現，國中時變得更嚴重。當孩子出現各種問題行為，而父母想調整孩子時，孩子通常不會明天就能變好。父母要有「長期抗戰」的心理準備。另外，也要把自己的身心照顧好，若有需要，父母也可以尋求專業協助與系統合作，例如：導師、輔導老師、特教老師、精神科醫師等。

希望這本書，能帶給你一些些的力量及方向。在這一段渾沌黑暗、沒有希望感、看不到孩子哪時候才會變好的無助時刻，這本書能成為你的嚮導及指南針，陪你一起面對！

目錄

Part 2

青春期孩子難以溝通

目錄

Part 3

當青春期孩子出現問題行為

Part 4

當青春期孩子有情緒困擾

Part 5

孩子的行為，可能是「互動」出來的

目錄

Part 6 父母的自我覺察與照顧

Part 1

當青春期孩子不想學習

孩子不想念書、寫作業拖拖拉拉？

找出孩子的「改變動機」

常常有家長向我抱怨：「我叫他念書，他都不念，一直在滑手機，作業拖到很晚才寫。他再這樣下去，考不上好的高中，以後該怎麼辦？」

對於孩子的消極、怠惰，我們總是又急又生氣，也更加擔心孩子的未來。

改變本來就不容易：你有沒有很想改變，卻做不到的時候呢？

想一想，你有沒有很想改變，但卻做不到的時候呢？在一場講座中，我問了台下家長這個問題，一位家長大聲地說：「減肥！」其他家長會心一笑。

沒錯，我們也期待可以瘦到理想的體重、維持適當的體態、對甜食忌口、期待自己每週運動兩到三次，但你有做到嗎？你每年年初許下的新年願望，到年末的時候，達成多少呢？

改變，本來就不是一件容易的事情，不管是大人還是孩子都一樣。**當孩子沒有改變動機時，你再怎麼碎碎唸，都是沒有用的。**

不過，有時候改變對孩子而言，可能真的太難了。例如國文成績要進步十分，不僅要願意學習（有學習動機）、上課要專心且認真聽講（積極的學習態度），能聽懂老師所教的（訊息處理及閱讀理解能力），回家還要複習（時間管理），不懂的地方要有勇氣問老師或同學（自我測驗，及解決學習困難），考試時不能太緊張或太鬆懈（處理焦慮），作答時不能粗心大意（具備考試策略，及細心）等，缺一不可。

只要這其中一項孩子無法達成，考試成績就無法進步；因此，放棄是更容易的選項。

父母願意對孩子說：「其實我知道，你有很多事情都做得很好」嗎？

而孩子真的不希望成績變好嗎？其實孩子念書就和大人減肥一樣，可能有意願但做不到。

而這些不想寫作業、常常請假或遲到、學業低成就、沒有改變動機的孩子來到諮商室中，我會對孩子說：「其實老師知道，你有很多事情都做得很好。像是導師說，你這週作業比較沒有遲交、週記也有寫比較多。而且，只要是你想做的事情，你都會努力做到。像是上次月考前一天，你心愛的天竺鼠過世了，你說你哭到半夜，但隔天一早還是趕來考試。

「所以，老師並不擔心你，因為我知道，如果你不想改變，別人怎麼講都沒有用；但如果你想改變，你一定可以做得非常好。」

這樣說，是**讓孩子知道，你的小改變，老師都有看到**；另一方面，我也試著提升孩子改變的動機，讓孩子看見「只要他想做，就能做得很好」。

我也看見，很多時候家長面對孩子的問題，可能已經持續一兩年，甚至更長的時間，而感到非常挫折、無力。

換個角度：看見孩子問題行為的背後，滿足了什麼需求

有一次演講結束後，一位媽媽著急地跟我說：「我兒子現在讀夜校高一，已經從電機轉

到他覺得比較有興趣的觀光，但卻還是常常蹺課。他成績就是低空飛過，也不至於到被當，但就是不想再更努力。

「他每天都睡到中午，白天窩在家裡打電動，飯也不怎麼吃，晚上偶爾才去上課。最讓我受不了的是，他兩三天才洗一次澡，我和他爸都快被臭死了。每次進他房間都要閉氣。

「自從去年他女朋友跟他提分手之後，他整個人就變得怪裡怪氣的。有時候他爸也沒講什麼，他就突然很生氣，還鎖門。我只好把午餐端進去給他吃。我覺得這樣很沒禮貌，但我實在是沒辦法；因為不端進去，他就整天不吃東西，我也會擔心他身體，會不會像新聞報導一樣，哪天就暴斃在電腦前。但跟他說，他又覺得我囉嗦、擔心太多。」

「那他生活中有好朋友嗎？」我問媽媽。

媽媽說：「他的朋友都是網路上的朋友，因為夜間部大家也都是來來去去或常常缺席。他不願意去看醫生，也不想去心理諮商。他覺得現在的生活沒有到太糟，他不想要有什麼改變。我也不知道到底還能做些什麼……」

當孩子沒有改變動機時，找到他在意的點、投其所好就很重要。例如：不是因為網路成癮而希望他去心理諮商，而是和心理師聊聊他失戀這件事。不是因為憂鬱而去看精神科，而是精神科可以改善他很困擾的失眠問題。

因為我也沒有見過她兒子，只能就我所理解的部分，提供媽媽簡單的諮詢。

但我發現，不管我說什麼，媽媽的回應都是：「我做過了、沒辦法、可是……」

例如我說：「手機睡前要收起來比較好。」

媽媽說：「上學期我想收他手機，因為他居然給我打通宵。結果我進他房間，他不肯把手機給我，我們開始有點拉扯，他居然用頭去撞牆，我嚇死了，只好妥協。」

我說：「那可能要設定半夜十二點關掉網路比較好，至少睡眠時間會比較正常。」

媽媽說：「因為家裡還有其他人在，像他舅舅就會用電腦到半夜一兩點，所以我沒辦法關網路。」

我問：「那他有和學校的輔導老師聊過嗎？」

媽媽說：「我不太信任學校輔導室，主要是導師對他有偏見。上學期導師有一次當著全班同學的面罵他，所以他也不想跟其他老師談。」

我問：「那你和孩子的關係好嗎？」

「假日我想帶他出去走走，但他不肯，說懶得出門，而且出去也很無聊。」

從上面的對話，我們可以看到，要孩子改變，談何容易？家長在尋求專業協助前，可能已經嘗試了好多方法，卻仍然不得其門而入。

也有一些父母擔心，孩子認為自己沒有問題，所以不願意尋求專業協助。我覺得父母先去找精神科醫師或心理師進行諮詢，也是個好的開始。

透過諮商，父母對於目前的困境，可能有一些新的覺察。或許父母對孩子的擔心，也與自己的原生家庭或成長背景有關，心理師可以幫助父母有更多的自我覺察和情緒宣洩。**當父母能好好安頓自己的內在，就會更有能量照顧孩子**。

而當父母能把自己安頓好，當父母對待孩子的方式有一些些改變，親子互動可能也就跟著改變了。（參見二〇四頁〈不順孩子的意，孩子就威脅撞牆？關係裡的「互補」影響親子互動〉一文）

大人的責備，反而把孩子推遠了

其實，**孩子現在的行為模式，一定滿足了孩子的某些需求**。孩子用自己的方式在因應困境，才會如此僵化且無法輕易改變。

例如：文中被分手的孩子，開始沉迷於網路遊戲中，試圖從網路中得到「愛與隸屬」的感覺。因為，如果在現實生活中感受不到被愛，和父母關係疏離，學校也沒有好朋友，而網路上卻有志同道合、一起破關的朋友，那麼這樣的歸屬感，會是多大的拉力！

孩子已經用他的行為，滿足了他的內在需求。既然他的需求被滿足了，那麼孩子自然不覺得自己需要改變。那些所謂的改變，其實是大人對孩子的期待。

但當我們稍微轉移目光，先不急著改變孩子的問題行為，而是去**看見孩子行為背後的動機**。當我們這樣做，或許就能理解孩子心裡的矛盾掙扎，例如：孩子知道沉迷網路不好，也看到自己的成績每況愈下；但在網路中，才有志同道合、能一起衝鋒陷陣的朋友，也從網路遊戲中得到滿滿的「成就感」。

因此，孩子一邊自責，但卻也無法離開。其實，孩子可能也不喜歡這樣的自己，卻一時找不到更好的替代方法，感到十分矛盾糾結。因此，當孩子又被父母責備時，親子關係變得緊張，孩子反而更想從網路世界中找到能了解自己痛苦的人。大人的責備，無法讓孩子減少使用網路，反而把孩子給推遠了。

在理解之後，再去尋找能推動孩子的「小改變」，例如：孩子願意去和心理師談談失戀，或是孩子願意兩天洗一次澡，或是媽媽和家人協商能在每天半夜一點關掉網路等。

實際上，孩子不可能在短時間內就愛上學習、課業突飛猛進、交到現實生活中的好朋友，**大人也要有「長期抗戰」的心理準備**，因此我認為大人的「自我照顧」非常重要。

身為父母的你，有把自己照顧好嗎？

請你想一想：

1在孩子有狀況的同時，你有讓自己好好吃飯、好好睡覺嗎？

2有人（例如另一半、父母或公婆）陪你一起面對，還是總扯後腿呢？

3當你覺得心力交瘁時，有人可以和你聊聊嗎？

4面對孩子問題的同時，你有屬於自己的生活和時間嗎？

5你在工作或其他事情中能得到成就感、能做些喜歡的事情抒發壓力嗎？（例如：運動、插花、散步、畫畫等）

如果這五個問題的答案都是Yes，謝謝你有把自己照顧好；如果有一些回答是No，你可能要想想，可以怎麼改善，才能繼續陪伴孩子長期抗戰。

促進孩子的改變沒有特效藥，大人可以做的，就是先把自己照顧好，同時試著從孩子的角度，理解他的行為及動機，理解這些行為滿足了孩子什麼內在需求，以及持續的高品質的陪伴。

就像園丁每天為植物澆灌著水，給予溫暖的陽光和好的空氣品質，放大孩子的每個小改變，耐心地等待孩子改變的契機到來。

孩子學習態度消極？

提升「學習動機」、培養孩子自主學習力

你的孩子學習態度消極、上課趴睡、學業成就低落，甚至連寫作業都要人三催四請嗎？

我想這個問題，也是絕大多數父母的困擾。而**根據許多調查，國中生的壓力源中，課業壓力一直是排行榜上的第一名**。

談學習這個議題，我覺得最關鍵的是孩子的「學習態度與動機」，因為「動機」是一個人行為的「發電機」。

你可以觀察你的孩子喜歡讀書嗎？如果今天孩子沒有學習動機，孩子就是不想讀書，那麼無論你怎麼叮嚀、催促孩子，孩子可能都是應付了事而已，例如：孩子不想寫作業，就

抄同學作業來完成功課。

父母怎麼看學習這件事情，也深深影響孩子。如果你視讀書為苦差事，那麼孩子自然也不會想念書。如果你自己喜歡閱讀不同領域的書籍、樂於學習，孩子可能也會覺得讀書是件好玩的事。

培養孩子的「內在動機」

父母可能常對孩子說：「不好好念書，以後沒前途。」或是給予物質上的獎勵：「如果你這次月考平均考九十分以上，我就給你一千元獎金。」以上這兩個例子都是「外在動機」，但其實，最重要的是能培養孩子的「內在動機」。

內在動機（intrinsic motivation）是指個體在沒有接受任何外在報酬的情況下，持續參與在活動中，獲得愉悅與滿足感；而外在動機（extrinsic motivation）指個體參加某個活動，是受到外來誘因（如獎勵、金錢、名利、地位等）的影響。當這些外在報酬消失時，個人參與該活動的行為便會削弱或停止。

我發現，很多孩子念書並不是被國文的詩詞感動、讀生物或地理時也不會讚嘆大自然的奧妙（內在動機），而是為了得到好成績或獎勵、被人肯定或考上好學校（外在動機）。

很多孩子一開始念書是因為發自內心的感到快樂、有趣（內在動機），但在開始上學之後，因為不斷地考試、排名、和他人比較等壓力，逐漸變成了外在動機，失去了原本讀書的樂趣，這是多麼可惜的一件事！

史丹佛大學心理學家馬克・萊珀（Mark Lepper）在一九七八年進行一個經典的實驗，他們到幼稚園觀察在自由時間畫畫的孩子，然後把孩子們分為A、B、C三組。A組的孩子在畫畫前被告知，只要他們畫畫，就會得到「優良小畫家」的獎狀；接著，研究人員只詢問B組的孩子是否願意畫畫，願意畫畫的孩子在畫完之後，也會得到「優良小畫家」的獎狀；研究人員也問C組的孩子是否願意畫畫，但孩子畫完之後沒有得到任何獎勵。

兩個星期後，研究人員在不被孩子發現的狀況下，觀察孩子們在自由時間的表現。B組和C組的孩子和實驗前一樣很喜歡畫畫，但A組的孩子因為沒有獎勵，畫畫時間比以前少了許多。

這是為什麼呢？因為獎勵把原本的內在動機變成了外在動機。原本畫畫是孩子自發性的行為，從畫畫本身得到了快樂，但因為有了獎勵，孩子可能忘記他原本畫畫是為了快樂，畫畫反而變成了工作，孩子就不再像從前一樣喜歡畫畫了！

因此，當孩子考得好，父母可以肯定孩子的努力，以及從學習獲得的樂趣（內在動機），而非成績（外在動機），例如媽媽說：「媽媽看到你**很用心**地準備考試，很棒！」「和媽媽分享一下你讀到了什麼**很有趣……**」而非「你這次考第一名，太棒了！」

培養孩子學習動機最簡單的方法——「親子共讀時間」

我相信很多父母讀到這裡，可能會皺起眉頭。

我也知道這很難，當孩子進入國中，面對各種大考、小考；和國小相比，實在很難找到學習的樂趣。但倘若父母能發自內心地認為讀不同領域的書籍是一件好玩、有趣的事情，不是為了前途、升學而念書，例如：陪著孩子將課本上的知識運用在生活中，像是嘗試做物理化學的實驗、生物課去公園觀察植物等，親子一起共同尋找讀書的樂趣。或許，讀書這件事情能開始有一點點不同。

因此，培養孩子學習動機最簡單的方法，就是「親子共讀時間」。這個時間，父母也放下手機、不追劇，挑一本喜歡的書來看；而孩子則是複習老師上課內容，或預習新內容，如果讀完學校的書了，也可以閱讀有興趣的課外讀物。

如果父母總是滑著手機，卻叫孩子去念書，孩子很可能覺得不公平：「為什麼你都一直滑手機？」若父母說：「學生本來就要念書！」孩子心裡會覺得不平衡，得不到的就會愈想得到，反而更不想念書了。

培養閱讀習慣要從小開始。陪著孩子坐在書桌前一起閱讀，從十分鐘、十五分鐘開始。而這樣「親子共讀時間」的長短，可以視孩子的年齡而定。例如國小的孩子大概每天十五分鐘到半小時，國中的孩子則能更長。希望我們都能陪伴孩子一點一滴找到學習的樂趣。

「我沒有能力把書讀好」的自我跛足信念

是什麼讓孩子開始不想學習呢？其實，沒有孩子從一開始就放棄學習。**在孩子決定放棄學習前，孩子一定曾努力過。**

因此，孩子對學習的信念也非常關鍵。你的孩子認為他能把書讀好嗎？

當孩子在學習上遭遇挫折，發現自己怎麼努力還是無法理解課本的內容，或是成績退步。孩子開始抱怨：「我不想去上學，不想要考試！」「功課太多，不想寫作業了……」如果父母沒有去理解孩子遇到了什麼挫折，只是責備孩子：「念書是學生的本分，趕快去念書！」當孩子不斷遭遇挫折，卻得不到父母的關心或協助，最終孩子可能會認為「我沒有能力把書讀好」、「我不是讀書的料」，而產生自我跛足的信念（註）。

這樣的狀況，到了課業壓力更大的國中會更嚴重，因為一旦孩子認定自己「不管怎麼努力，都不可能會考好」，自然就不會想讀書了。

為什麼孩子要上學？

另外，很值得思考的是，到底為什麼孩子要來學校讀書、學習呢？如果你現在問自己這個問題，你會得到什麼答案呢？很多父母會說：「學習知識、團體生活、為了更好的未來」等。

如果孩子不想上學，我會對不想上學的孩子說：「法律規定要來上學，國小、國中階段是義務教育，但這也在培養『勉強自己』的能力。因為之後你去工作，總不能不想上班就遲到早退，或是就乾脆蹺班吧？因為這樣你就沒辦法養活自己。

「老師現在每天來上班，早上也好想賴床，但要養家活口、繳房貸，還是不得不來上班。而你現在來上學，也是在培養『勉強自己』的這個能力。

「不過，老師也很好奇，雖然你一直說不想來上學，那麼是什麼原因讓你每天來呢？」

我對孩子這樣說，一方面是同理孩子的辛苦及困難，肯定孩子在面對上學這個有壓力的情境中，其實已經在練習「勉強自己」了，也肯定孩子勇於面對。讓孩子知道他的努力，大人都有看到。

但撇除法律層面，身為大人的你，認為讀書是一件有價值、有意義、能幫助自己的事情嗎？還是讀書是為了應付考試、考上好學校呢？

上面所提到的，培養孩子的「內在動機」，若孩子是發自內心的想念書，覺得念書是件有趣的事情，會比「外在動機」來得更長久（例如為了得到獎賞、得到讚美）。因此，這個問題值得親子一起討論。**唯有陪著孩子找到讀書的意義及價值，學習動機才有可能長久**。

但父母也不需要過度擔心，因為無論是內在動機或外在動機，都會比「缺乏動機」來得好太多了。

父母也可以和孩子討論讀書對自己的幫助，例如之後想出國，所以想把英文學好；想要攀登百岳，因此對於地理很有興趣；以後想當老闆，那麼數學要學好，錢才不會算錯。

若孩子一心想當YouTuber……

很多孩子想當YouTuber，我覺得父母不需要斥責孩子：「不要想這些有的沒有的，趕快去念書！」父母可以陪著孩子找到上學讀書和當YouTuber之間的關聯，例如國文要學好，才不會誤用成語或是錯字連篇，導致貽笑大方；而遣詞用字若更加精準，也能吸引受眾。

想要做哪方面的YouTuber，那個專長也要好好學習。除此之外，要做出一支影片，還需要學習寫腳本、拍攝、後製剪片、宣傳……。如果孩子一心只想要當網紅，但卻沒有人生經驗、工作經驗的累積，甚至求學階段都不願意學習，拍出來的內容可能也很膚淺，無法打動人心。

下次，當孩子說他想當YouTuber，父母可以鼓勵孩子直接拍個影片、上傳到YouTube；而不是叫孩子趕快去念書，不要想東想西。唯有孩子親自嘗試後，才能看見夢想和現實的落差，也能釐清自己究竟是否真的想當YouTuber。

你現在願意花時間閱讀這本書，代表這本書對你來說是有幫助的。對孩子而言，也是如此。當學習對於孩子來說是有壓力的，孩子也需要一個理由來說服自己繼續努力。

而實際上，無論學習任何東西，就算是自己很有興趣的東西，都還是有壓力的。**學習動機就是學習的「發電機」**，如何讓孩子願意學習，也相信自己有能力學好，這兩點至關重要。

當孩子願意學習，也相信自己有能力學好，孩子就會自己主動去念書，不需要家長三催四請了！

註：指個體事先為自己的表現製造障礙或尋找藉口，以為未來可能的失敗預留理由。

孩子的學習很被動？

尋找孩子能做到的「一小步」

演講時，很多家長常問的問題之一就是：「孩子不愛念書，學習態度很消極，而且非常被動，什麼都要別人催，該怎麼辦？」

我相信每個孩子剛上小一的時候，並沒有這個狀況，那麼究竟是什麼讓孩子變成現在這個樣子呢？

小久的爸媽在小久小學三年級時離婚，爸爸和奶奶堅持要帶走小久這個家裡唯一的男孫，於是媽媽帶著小久的姊姊離開了這個家。

爸媽離婚後，爸爸怕媽媽把小久偷偷帶走，因此不讓媽媽看小久。媽媽只能拜託學校和安親班，偷偷讓她跟小久說一下話。

每天放學後，小久會先到安親班寫作業。回家之後，由於爸爸和奶奶採取放任式的管教，小久就會打電動、玩手機到半夜才睡覺。

到了國中，小久的爸爸一樣幫小久安排每天放學後去補習班。但小久開始懶得去補習班，放學後，有時候會跟同學跑出去玩，有時候就窩在家裡打電動。由於家中無人約束，又沒有安親班老師盯作業，小久開始不寫作業，也出現網路成癮的狀況。

由於小久積欠愈來愈多的作業，導師只好打電話給爸爸。但其實，爸爸早在小久五年級時，就和女朋友在外同居，根本沒在管小久。爸爸接到導師電話，回家就把小久狠狠修理一頓，伯母、姑姑、堂姊、表姊也都輪流罵小久。奶奶看這樣下去也不是辦法，只好把小久送去媽媽家。

媽媽已經很久沒能好好和小久相處，對於小久過來同住感到欣喜若狂。但開始同住後，親子關係反而變糟了。因為媽媽愈盯小久功課，小久就愈不想寫。每次寫作業，兩人都會吵架。姊姊看不下去小久對媽媽的態度，還會飆罵小久三字經。

段考前，媽媽努力地一項一項教小久，小久卻一副愛理不理的樣子。考試時，還故意都猜A。結果，媽媽努力教了小久整整一週，卻看到小久全部都不及格的考卷，情緒差點崩潰。

我問小久為什麼要這麼做。他說，他想要證明他真的很笨，希望大家都趕快放棄他，這樣他就能好好打電動了。

小久國小的成績大概在中間，升上國中後卻開始退步。國一的某次段考，他很努力想拚拚看，結果那次不知怎地反而考得更差，還被同學笑。

小久說：「沒有念書考不好很正常；如果念了書，還考不好，這樣很丟臉，很傷自尊心，好像證明自己就是很笨。所以，乾脆就不要念、考試隨便猜一猜就好。」因此，對於媽媽的積極，小久更加反彈。

小久說寧可回去奶奶家住，至少在那裡可以一直打電動，還比較自由。

媽媽聽到小久這麼說，難過地直掉淚。

沒有一個孩子從一開始就放棄學習

很多孩子到了國中，已經想要放棄學習：「我之前都很認真念書，還是一樣考不好。我就是不會念書，怎麼努力都沒有用，乾脆放棄好了。」

我相信，所有的孩子都曾努力過，但有些孩子不管怎麼努力，成績卻沒有起色，而感到愈來愈挫敗。面對國中、高中，課業壓力愈來愈大，學習的快樂不見了，只剩下成績和排名。不管孩子是否認真念書，面對大人失望的表情或責備的面孔，孩子可能心裡也很自責。

心理學家塞利格曼（Seligman）教授於一九六七年提出知名的「習得無助感」（Learned Helplessness）理論。他以狗進行操作制約學習的實驗，他把狗關在籠子裡，對狗施以電擊。這隻狗一開始大叫、亂竄地想要逃離籠子，但最終發現自己逃離不了，狗開始不再掙扎，狗趴下來，默默忍受著電擊，聲音也從宏亮的吠叫聲變成低聲哀鳴。

之後，實驗者把狗放進另一個籠子。這個籠子中間放有隔板，隔板的高度是狗能輕易跳過去的。當狗再度經歷電擊時，牠沒有想要試圖跳過隔板，只是趴下來忍受被電擊。

那麼，對照組的狗呢？對照組的狗直接被放入第二個籠子，沒有經歷過第一個籠子中無法逃脫的電擊。對照組的狗輕易地就跳過隔板，成功地避開電擊。

這是為什麼呢？因為實驗組的狗產生了「習得無助感」，這是指因長期挫折而產生「哀莫大於心死」的心理狀態。孩子的自我挫敗，認為自己怎麼努力都不可能會成功，最終放棄學習，也是同樣的狀況。

孩子在國小時，還願意為課業努力，因為國小的課業較為簡單，孩子努力就能做到。但當升上國中，課業變難，孩子繼續努力，卻一次又一次地考不好，最後，孩子可能會認為

「我就是不會讀書、我就是很笨」，而放棄學習。當孩子認定「我就是不會讀書、我就是很笨」，孩子對於課業開始擺爛、表現消極，不想再付出努力，而文中的小久也是如此。

其實，我們願意繼續努力是因為我們相信「努力有可能成功」；但產生習得無助感的孩子對生活失去了控制感。孩子覺得不管付出多少努力，都不可能會成功，努力與最終的結果無關。因此，習得無助感容易引發憂鬱的情緒，以及對未來失去希望感。

當孩子已經出現「習得無助感」，怎麼辦？

我很喜歡心理治療學派中，焦點解決短期治療（Solution-Focused Brief Therapy, SFBT）的精神：把焦點從「問題」轉移到「解答」上。有個簡單的口訣為「目標、例外、一小步」，說明如下：

1 將「負向行為」轉為孩子可學習的「具體、正向目標」

例如：若我們只是抱怨孩子愛發脾氣，但這樣說，孩子可能不知道他要學習的是什麼。我們可以改成孩子需要學習的具體、正向目標為：「希望孩子能用口語表達在氣什麼」或

「希望孩子生氣時，能幫助自己平靜下來」。

例如：負向行為「不肯學習、上課不專心、不愛念書」，可以改成具體、正向的目標：「能自動自發完成作業」或「上課認真聽講」。

要注意的是，目標不能太大，例如希望孩子從二十名進步到前十名，這樣孩子可能很難做到，而容易直接放棄。

2 找出「例外事件」

例外事件指問題應該發生，但卻沒有發生的時候。有些孩子的問題行為一直存在，但**一定有問題「比較輕微」的時候**。父母可以觀察孩子的問題行為什麼時候比較少、比較輕微或沒有發生，尋找問題曾經被解決的時刻，即便很短暫。這樣做，可以**幫助我們練習從負向中看到正向**。

很多父母會說：「他就是一直都很消極。」「他就是整天在玩手機。」「他常常情緒失控。」但其實，陳志恆心理師在著作《正向聚焦》中提到「行為是波動的」：一個胃口很好的人，可能也有吃不太下的時候；孩子幾乎整天玩手機，也一定有放下手機的短暫時刻；孩子再怎麼討厭念書，偶爾還是會翻一下書。因為行為是波動的，所以退步就是必然的。有進步，就有可能退步。

因此，就算孩子的問題行為一直存在，也有可能有比較少或比較輕微的時刻，需要父母用睿智的雙眼去看見。

如：孩子每天都嗆老師，但某一天沒有嗆老師。孩子不寫作業，但某天有寫其中一項作業。孩子上課都在聊天，但某一節課比較專心。

3 尋找可以做的「一小步」

當例外事件發生時，父母可以詢問孩子：「你是怎麼做到的？」「怎麼讓這個改變再次發生？」改變不用很大，因為一個又一個的小改變，可能帶來大改變。

和孩子討論若要達成目標，他可以做的一小步為何。例如：若孩子要達成「能自動自發完成作業」，那麼可以做的一小步為：「先把手機收起來或設定勿擾模式」、「不會寫的地方要翻課本或問爸媽」。

4 強化你和孩子的關係

當孩子有某件事情做得好時，我會問孩子：「你是怎麼做到的？」但青春期的孩子可能常常說：「我不知道。」這時候，爸媽可以告訴孩子：「你的改變對我來說有多重要。」**讓親子關係成為孩子改變的力量**。例如告訴孩子：「老師看到你的改變好開心。」「你這樣做，媽媽好感動。」「同學說你打排球很厲害耶，我真為你感到驕傲。」

希望我們不再將孩子的小改變，或任何做得好的事情都視為理所當然。而且，改變不會一蹴可幾，孩子不可能突然變成我們心目中理想的樣子，例如孩子不可能明天就愛上讀書、不可能明天就從六十分進步到八十分。

試想，若孩子從六十進步到六十五分，你覺得這是進步嗎？孩子每天只會在書桌前坐十分鐘，但今天卻讀了二十分鐘的書，你認為這是進步嗎？

對我而言，這些都是進步啊！

很多時候，因為這些改變實在不夠明顯，我們會看不到孩子的努力或進步。但**其實，每個人的努力都渴望被看見**，就像你今天做了一桌好菜，一定也會希望家人吃飯的時候露出幸福的表情。

若孩子的微小進步，你總是沒有看見，總是繼續挑剔他其他做不好的部分；久而久之，孩子可能就更不想要努力，甚至開始擺爛。

我們只能**努力放大孩子每個小小的改變**，真心地為孩子的微小進步喝采。相信有一天，你也能慢慢改變孩子的習得無助感，幫助孩子找回有自信的自己。

親師合作，一起陪伴孩子改善

孩子的作業總是寫不完？

小步因為作業總是寫不完，而被轉介來輔導室。除此之外，小步的導師還有很多抱怨，例如小步常常沒交聯絡簿、遲到、東西沒帶、請病假沒有補假單等。

在諮商室裡，小步總是要想個十秒才會回答，就像《動物方城市》裡面那隻樹懶，說話和動作是那樣地緩慢。當我看著小步而想到那隻樹懶時，忍不住在心裡笑出來：「真是個可愛的孩子！」但很顯然地，導師可不這麼認為。

小步家裡開麵包工廠，爸媽忙於工作，對於小步的學業並沒有太多要求。上週導師找小步的媽媽到校討論小步的狀況，她們的討論劍拔弩張。

「寫作業是學生最基本的本分，我也沒有盯他成績，但他連作業都不寫，以後你們放心把店交給他嗎？」

「我們是做麵包的，只要會最基本的算術那些就好了，念書對我們來說真的不重要！我們是靠勞力工作的！」

「媽媽，你不能盯他的功課嗎？」

「從小一開始，我就一直在幫他找補習班，但他寫字就是很慢，所以效果不好。我們晚上還要做麵包，我沒有辦法去盯他寫作業！」

「上週我們班煮火鍋，他又沒有帶食材來，我也有跟同學說還是要讓他一起吃。他這樣常常沒有帶東西，同學就會對他印象不好，不喜歡他啊！」我看到導師不只對小步有要求，也是個用心的導師。

「我說不用讓他吃，他餓一餐，下次就會記得要帶了！」媽媽的態度沒有軟化。

到底為什麼小步的作業寫不完呢？小步經特教鑑定通過為「學習障礙」中的「書寫障礙」。小步寫字就像畫畫一樣，尤其是不會寫的字，小步是用畫圖的方式把字描出來的。

但我發現**這之中最大的歧異，是爸媽和特教老師把小步無法完成作業的行為歸因於學習障礙；但導師把小步的行為歸因為懶散，且家長也不願負責。**

小步因為這些狀況很有壓力，不想來上學。他常常胃痛、嘔吐或拉肚子，這個月請病假超過七天。

媽媽憂心忡忡地打給我，問我該怎麼辦才好……我心想：「大家都是為了小步好，事情怎麼會變成這樣呢？」

也因為小步動作慢、不善表達、座位髒亂、作業常無法完成等態度消極的行為，他常常被老師責備，班上同學也愈來愈不喜歡他。有同學下課會故意碰他一下，或把他的東西藏起來。

面對這些行為，小步很無奈，但他已經習慣忍氣吞聲了。

「他被欺負，為什麼不直接告訴我？他跟我說，我一定會處理呀！像上次我在班上看到他背後黏著口香糖，我就有處罰那個同學，還有叫他跟小步道歉。」我看到導師在生氣的背後，其實內心是很受傷的。雖然她不斷抱怨小步，但這也代表她從來沒有放棄小步。

但小步還是可以感受到導師對他種種的生氣，於是他不敢靠近導師，更別提拿假單給導師簽了！因此，他累積了一堆曠課，使得導師更加無法諒解這麼簡單的事情，為何小步都無法完成。

找出問題行為背後的環境脈絡

其實導師的「一視同仁」沒有錯（所有學生都應該完成作業），特教老師的「因材施教」也沒有錯（學習障礙導致孩子完成作業有困難），那麼到底為什麼會有這麼大的歧異呢？因為**用不同的角度看孩子，就會看到完全不一樣的孩子**。

看著衝突愈演愈烈，我邀請小步爸媽到學校談談。從會談過程中，我才知道，原來爸爸從小也是這樣長大的。阿公阿嬤在爸爸小的時候，也是忙於麵包店的生意，而且那時候家裡還有負債，日子過得並不輕鬆。因此，阿公阿嬤根本沒有多餘的心力來盯孩子的功課，也不會要求孩子的成績，只要孩子乖乖的、不惹事，長大後，接手麵包店的生意就好了！

但由於時代背景的轉變，加上少子化，大家更重視孩子的教育，這樣「放牛吃草」的教養方式在過去並不被認為不妥，現在卻被視為「放任、不關心孩子」。這對小步的爸媽而言，何嘗不是一個沉重的指控呢？

當我們看見孩子的問題行為時，我覺得更重要的是找出問題行為背後的原因，因為孩子不會是無緣無故長成這個樣子，是個性和環境的交互作用所導致。所以當我看到爸爸是這樣長大的時候，突然間完全明白小步也是這樣長大的啊！了解小步無法完成作業，除了因為「學習障礙」所導致的之外，父母忙於工作，且家裡代代相傳的價值觀，並不重視學業，也是原因之一。

當我們對於問題行為背後的原因有多一層的理解，我們再去看小步無法完成作業、沒帶東西、遲到等問題行為時，就比較不會氣家長為什麼這麼不負責任了！

如果我們用既定的眼光、同樣的標準要求孩子，有可能只會讓狀況更糟，因為孩子和家長就是雙手一攤，告訴導師：「我就是做不到。」但若我們願意給孩子多一點的鬆動和彈性，不再將孩子不寫作業、父母不盯作業視為是故意的，多花一點時間去理解家庭脈絡和所承襲的價值觀。當親師關係變好，甚至可以互相信任及合作，那麼或許能創造出更多的可能。

孩子的先天氣質和教養環境交互作用，讓孩子長成現在的樣子

這幾年，在學校工作，深深感受到每個家庭有多麼的不同。

有些父母專斷獨裁、緊迫盯人；有些採放牛吃草的方式；有些對孩子十分寬容溺愛。再加上父母的成長背景，與孩子先天氣質的交互作用所形成的親子互動模式，教養出來的孩子必定十分不同。

孩子承襲來自父母的價值觀、管教方式和家庭文化，進到某個班級，而每個導師的帶班

風格不同，這使得每個人對孩子的期待及價值觀也不同。父母覺得小步有乖乖來上學就好、作業不會寫沒關係；導師卻覺得寫作業是學生的本分。兩人就像在平行時空中，找不到任何交集。

從小步遲到、東西沒帶、作業無法完成到人際關係不佳、被排擠，甚至懼學，這些狀況造成親師生之間更加的不諒解，形成惡性循環。

若哪一天，這些小步身旁的重要他人可以互相尊重彼此的想法，理解彼此的困難及好意，相信這個惡性循環自然就能不攻而破了！

當父母發現與導師溝通不良，父母可以怎麼做

1 父母和導師若能建立「信任」的關係，就是合作的第一步，這也對孩子的成長是最好的！若家長消極、不配合，或是過於強勢、質疑導師做法，可能導致孩子在兩者之間鑽漏洞，無益於孩子成長。

2 「為孩子好」是父母和導師之間最大的共識。但**若導師和父母的立場和做法不同時，父母可以婉轉地告訴導師，自己的立場和做不到的難處在哪裡，而不是採取消極、不配合**

的方式（像是已讀不回、不接電話）。當導師能理解家長願意配合，只是遇到困難，或許能進一步放寬標準，雙方一起討論應變的方法。

3 父母可以觀察孩子身心狀況的變化，例如飲食或睡眠習慣改變、變得沉默、易怒、哭泣，或是有懼學等狀況。若有這些狀況出現，父母可以直接和導師溝通，委婉表明自己信任導師，但十分擔心孩子的身心狀況，需要導師協助，澄清彼此的期待及目標。

4 親師溝通過程中，難免會有意見不同而情緒起伏的時候。若因一時衝動，發洩情緒，可能會造成更難以彌補的傷害。因此，保持情緒穩定、理性溝通以達成共識，親師才能共同合作，幫助孩子。

Part 2

青春期孩子難以溝通

別把孩子做得好的事視為理所當然

孩子的每一份努力，都希望被你「看見」

前陣子，我去一所偏鄉的學校演講。講座結束後，有個認真聽講的媽媽舉手發問。這位媽媽滔滔不絕說著兒子讓她擔心的地方，例如作業總是拖到最後一刻才做、英文單字背好久都背不起來、念書不專心、愛打電動、約定晚上十點交手機，總是拖拖拉拉不肯交等等。

因為媽媽看起來很焦慮，我也洗耳恭聽。媽媽講了好多事情，但聽起來似乎都是小事，沒有更嚴重的狀況，如打架、欺負同學、出言不遜、傷害自己或他人等；而且這些不愛念書、愛打電動、拖拖拉拉的狀況，其實也很常見。

聽了五分鐘後，我忍不住打斷媽媽。我問她：「那孩子有什麼做得好的地方嗎？」

媽媽愣了一下：「我好像想不太到耶……」

停了幾秒後，媽媽又忍不住開始講上次要孩子背幾個單字，孩子背了半天，背不起來，且好像要孩子的命似的，害我也擔心起這孩子的未來該怎麼辦。

但校長忍不住了，他打斷媽媽的話：「你知道你的兒子寫的文章刊在報紙上嗎？」

這位媽媽搖頭，校長把報紙遞給媽媽。

大人可以做的，是當一個偵探，找出孩子做得好的地方

其實，不是所有的孩子寫的文章都有機會刊在報紙上。孩子的文章能刊在報紙上，代表這是他用心的作品，而且寫得還不錯，才有上報的機會。

但我們注意到的往往是孩子的問題行為，於是我們不斷地嘮叨，希望孩子可以改變，例如催促孩子：「不要再打電動、趕快去念書。」事實上，我們可能忽略了孩子也有好的行為，我們很容易將孩子做得好的事情視為理所當然。

當我們認為孩子做得好的事情都是理所當然，例如：念書是學生的本分，本來就應該要幫忙照顧弟弟妹妹。那麼我們注意到的，就都會是孩子的缺點。

當孩子察覺：我做得好的事情，你都沒看見，你卻不停地責備我做不好的地方。有些孩

子會更努力做好，但有些孩子可能因此產生「習得無助感」（註），開始自暴自棄，選擇擺爛。

當孩子擺爛，父母可能更焦慮，對孩子有更多嘮叨，孩子就對父母更加反彈，而導致惡性循環，親子衝突愈發嚴重。

其實，孩子的努力都希望被看見。如果這位媽媽看見孩子的文章被刊登在報紙上，能真心地肯定孩子。**孩子感受到媽媽對自己的肯定，孩子可能就更喜歡，也更願意寫文章，這就是改變的開始**。他可能學業成績依然不好，但國文這一科，他的學習動機可能因此能增強一點點，甚至願意投稿下一篇文章呢。

我們可以做的，就是當一個偵探，不是找碴；而是找到孩子每一個小小的好，然後努力「放大」孩子每一個小小的改變。

你可能會說，我的孩子寫的文章並沒有刊在報紙上啊，但我相信一定有他做得好的小事，等待你用偵探般的雙眼去發現及看見。

你的孩子真的「沒有」任何做得好的地方嗎？

這是另一個孩子的故事了。

在學校，當孩子表現不佳或出現偏差行為，使得導師常需要聯絡家長時，家長可能開始抗拒或害怕接到導師的電話，而開始不接電話或已讀不回。

之前有個爸爸就是這樣。自從有一次在電話中對導師發飆，覺得導師都只針對他的孩子之後，就再也不肯接電話了。

導師向我求助。我告訴導師：「爸爸的憤怒和武裝，可能是自尊心受傷了，才會指責導師針對他的孩子。我想，**在親師溝通時**，是否能『**報憂也報喜**』？也就是**除了告訴爸爸孩子不好的行為，也能說一下孩子做得好的地方嗎？**」

但導師卻說：「他上課會打瞌睡、作業遲交、成績退步、做事情拖拖拉拉，我實在想不到有什麼孩子表現好的地方。而且，光是我上個月跟爸爸說他作弊和欺負同學這兩件事情，爸爸就已經暴跳如雷了！所以啊，其他這些他沒做好的事情，我都還沒來得及跟爸爸說……」

我對導師說：「我想，老師你說他上課會打瞌睡、作業遲交、成績退步、做事情拖拖拉拉，那麼就代表這些事情『以外的其他事情』，孩子其實都做得還不錯，對嗎？例如面對導師管教，孩子的態度是好的；作業和交辦事項雖然會拖欠，但仍然會完成，也代表孩子有把這些事情放在心上；和同學的相處狀況也還不錯等。我可以這樣說嗎？」

導師卻說：「可是這些都是很基本，學生本來就應該要做好的！」

沒錯，這些都是身為學生應該要做好的本分和責任，但如果我們都覺得孩子「本來就應該」要做好所有事情，那孩子為什麼需要改進缺點呢？

當孩子發現他不管怎麼努力做該做的事情，卻怎麼也得不到「正向關注」時，孩子可能做出更多引發「負向關注」的問題行為。父母就會更加覺得他就是個不可能變好的壞孩子，而導致惡性循環，甚至愈演愈烈。

當我們開始練習，不把孩子任何小小的做得好的事情視為理所當然，我們就會發現：孩子其實已經有好多好多做得好的地方了！

在演講時，我常會**請家長寫下「孩子的五個優點」，計時三分鐘**，請你也試著寫寫看：

孩子的第一個優點：＿＿＿＿＿＿＿＿＿＿。

孩子的第二個優點：＿＿＿＿＿＿＿＿＿＿。

孩子的第三個優點：＿＿＿＿＿＿＿＿＿＿。

孩子的第四個優點：＿＿＿＿＿＿＿＿＿＿。

孩子的第五個優點：＿＿＿＿＿＿＿＿＿＿。

不過，你會不會寫到第三個優點的時候，腦中不由自主地浮現更多的都是缺點呢？我是雙寶媽，我想自首「我也是如此」！因此，看見孩子的優點，而非只看見孩子的缺點，這是個很重要的練習啊。

也**請將你寫的五個優點告訴孩子，讓孩子知道：「你的努力，爸媽都有看見！」**

透過肯定孩子，強化親子間的「情感連結」

在肯定孩子的同時，也可以強化親子間的「情感連結」，例如告訴孩子：「媽媽看到你的文章刊登在報紙上。**媽媽好以你為榮！**」「爸爸看到你很努力準備考試，**爸爸覺得很感動**。」這樣說，不僅增強孩子好的行為，也能增進親子關係。

我們能做的就是當一個偵探，不是找碴。幫助孩子，看見他每一個小小的好，「放大」每一個好，自然就不用再跟孩子「你追我逃」了！

孩子不可能馬上變得自動自發、熱愛學習，但或許他願意做更多這些小小的好的事情。如此一來，改變就開始了！

註：一直努力卻不斷失敗，而產生「習得無助感」，最終認為自己就是魯蛇、失敗者，選擇放棄或消極以對。

孩子都不說，或說「不知道」？

你和孩子的關係有多好，對孩子的影響力就有多大

在各校的親職講座擔任講師時，常有家長問我：「我們也會關心孩子在學校的生活，但我問什麼，他都不說，或是都說『還好、不知道』。我們該怎麼辦？」

其實，青少年比兒童心思更細膩、煩惱更多，有些時候不知道心裡的話要怎麼跟爸媽講，或是根據之前的經驗，講了會被唸或被罵；孩子可能因此不想和爸媽分享心事，而選擇只和同儕分享。

在學校和孩子晤談時，我也問孩子：「為什麼爸媽跟你聊天，你卻不想要講呢？」

有個孩子說：「我跟我媽說下課我都和小成聊天，還一起打球。我媽就說：『小成常常

去學務處，你不要太靠近他比較好；你可以和小威當好朋友，因為他很乖、成績很好，有問題可以問他。』」

我問孩子：「那媽媽這樣說，你有什麼感覺呢？」

孩子說：「我覺得我媽真的很煩，講什麼，她都有意見，那她幹麼要問我，她自己講就好了，所以我最近就很不想理她！」

另一個孩子說：「爸爸叫我不要一直滑手機，假日叫我不要跟朋友出去，他只會叫我念書、寫作業、趕快去洗澡，所以我也不知道要跟他聊什麼……」

很多家長發現，怎麼到了國中，我的孩子好像變了個樣！因為**青春期是兒童到成人的過渡期，孩子開始長出自己的想法，渴望獨立，不想要被管**。因此，當孩子和父母意見不同時，孩子開始嘗試據理力爭；若父母仍然用過去權威的態度，要求孩子配合，孩子反而可能對父母更加反彈。

我們常說青春期是「叛逆期」，代表「孩子不聽父母的話」，不過我覺得「叛逆期」這個詞其實是對青少年的偏見。因為，**長出自己的想法，是邁向「獨立」好重要的一步啊！**當孩子可以自主思考、獨立生活，父母是否應該為孩子感到開心，因為這代表孩子能不再依賴父母生活了。

父母和孩子立場和角色不同，自然擔心也很不同

我也理解父母和孩子的立場、角色不同，自然擔心也很不同。例如孩子打電動在意的是「我能不能贏」，想從中獲得成就感及歸屬感；孩子在社群媒體和朋友互動時，在意的是「我是否受歡迎、同學喜不喜歡我」。

但從父母的角度來看，面對孩子使用網路，父母可能擔心影響孩子的視力、是否會荒廢學業等問題。有些父母甚至會覺得把書念好比較重要，交朋友是其次；因此，你會發現，有時父母和孩子的需求，就像平行時空一樣，找不到任何交集。

所以，如果我們總是跟孩子不同調，孩子自然就不想跟父母說話了！因為孩子發現：講了反而被罵，心情變得更糟。回嘴還被說是頂嘴，倒不如「不要講話」比較安全。

關係＝影響力

其實，「關係有多好，影響力就有多大」。如果你跟孩子的關係還不錯，當天氣變冷，你叮囑孩子多添件衣服，孩子會跟你說聲「謝謝」；倘若你們關係已經很惡劣，你叮嚀孩子加件外套，孩子可能還嫌你很煩、很囉嗦。

當孩子認為爸媽對自己很好，他就有可能願意聽爸媽的話；當孩子認為爸媽總是找他麻煩，他可能更不想理會爸媽的諄諄教誨和循循善誘，對父母愛理不理，甚至惡言相向。這也是青春期孩子常見的狀況。

因此，當親子之間意見不同而發生爭執時，我認為，爭論誰對誰錯絕對不是當務之急，**最重要的是：要先能和對方建立善意的關係。**

倘若能建立關係，事情會比較好商量，因為我們會認為對方的出發點是善意、是為我好的；倘若關係不佳，不管對方做什麼事，我們都會將對方的行為解讀為惡意且針對我的，而更加防備，也因此容易產生更多誤會。

當然，我指的「和孩子建立良好的關係」，絕對不是對孩子「放任溺愛」，任孩子予取予求；是有「高情感回應」的同時，也對孩子有「高行為要求」。（參見八十九頁〈孩子難以管教，怎麼辦？父母的教養風格需調整〉一文）

當孩子不想和你說話，父母可以怎麼做呢？

我常在演講中帶家長做一個活動，請家長寫出最常對孩子說的五句話。也請你寫寫看：

______。

______。

______。

父母最常對孩子說的話，我覺得可以分為以下四類：

1各種催促：趕快去洗澡、趕快來吃飯、趕快去寫作業、快點去睡覺、五四三二一……

2各種叮嚀：不要再滑手機了、出門要注意安全、考試不要粗心大意……

3**關心孩子的日常生活**：你今天過得怎樣？你今天心情如何？你晚餐要吃什麼？

4**表達對孩子的愛**：媽媽很愛你、考試加油喔！

各種催促的部分，我發現其實**大人常常為了時間而心急**。大人早上趕著起床、做早餐、接送孩子準時進學校，進辦公室趕著打卡，工作忙了一整天，下班後可能要接送孩子、做晚餐、叮嚀孩子準備考試、早點休息、檢查孩子作業等。

但回頭想想，其實孩子最多的就是時間啊！因為孩子只要做好「學習」這件事即可，跟父母的多重角色相比，急的當然是我們，孩子一點也不急。所以孩子可能會很難理解：

「現在才九點，我想晚一點洗澡，不行嗎？」

你也可以檢核看看，上面的四種話語，除了第一、第二類，有沒有第三、第四類呢？**第三類和第四類的話語，能使你們的親子關係增溫。**

說教、催促等權威式、上對下的話語，對青春期孩子無效

因此，當孩子回家時，父母先不要急著問孩子考試考幾分、催促孩子趕快去念書。因為這些說教、催促等權威式、上對下的話語，可能在孩子國小時很有效；但當孩子長大後，這些話語卻可能把孩子推遠了。

父母可以練習和孩子做朋友，像是朋友一樣聊天。例如問孩子：

「今天在學校過得怎麼樣？」

「你上次說那個很機車的老師今天怎樣？」

「你跟你的好朋友最近怎麼樣？你們都玩些什麼？」

「那個某某某做了什麼好笑的事情？」

「你很喜歡的那個偶像最近有什麼新作品？」

「你最近喜歡哪個動漫？」

當孩子說了你不認同的事，不要馬上否定

父母可以思考一下，你都會和朋友怎樣聊天。父母也可以像朋友一般的跟孩子聊天，而不是上對下的「命令」語句。試著和孩子站在同一陣線，貼近他的生活。

當孩子說了你不是很認同的事情，先不要馬上否定他。可以試著先了解孩子背後的動機，以及這件事情滿足了孩子的什麼需求，**同理孩子的感受。先表達你願意理解孩子，最後再跟孩子談你的擔心**。

因為，當你跟孩子關係好，孩子就更能聽進你的話；若你和孩子關係不好，縱使你說得很有道理，孩子可能也會為了反對而反對。

你可以選擇和孩子站在同一陣線

當你不再和孩子站在天平的兩端，而是選擇和孩子站在同一陣線，試著去理解他的生活、他喜歡的人事物、他的快樂與不快樂、他的渴望及盼望，而非只有考試或成績。當孩

子感受到你的「願意理解」，親子關係升溫後，那些父母以往的叮嚀和耳提面命，或許孩子就更能聽進去了呢！

孩子說：「我就爛，考最後一名很開心啊。」

此刻起，開始「高品質的陪伴」

當孩子出現種種問題行為，例如：對學習無動機、網路成癮、拒學、偷竊、割腕等狀況，家長通常會很著急，問我到底還可以怎麼辦。但事實上，沒有人知道孩子什麼時候狀況會好轉。

例如：拒學孩子的家長，會問我其他拒學孩子是怎麼好起來的，但**這並沒有標準答案**。每個孩子的個性、成長經驗都不同，也可能遭遇不同的事件。每個人都是獨一無二的個體，沒有一套所謂改變孩子的ＳＯＰ。

小六的拉拉是朋友的孩子。最近，她的爸爸非常擔心地告訴我拉拉的狀況：「我跟她媽媽感情不是很好。她媽媽就是很放縱拉拉。有時候，我想要陪她念英文，她就說要跟媽媽一起出門。

「她最近玩電腦玩得很兇，幾乎整個晚上都在玩遊戲，一邊玩，一邊寫作業，所以作業都寫到半夜。她把自己鎖在房間裡，所以我根本沒辦法收她的平板。她媽媽也不肯關網路。

「拉拉的成績愈來愈差，好像也變得沒有自信。她說班上女生在背後說她壞話，我很擔心，但她後來說：『沒差啊，我跟男生比較好。』

「這次，她居然考最後一名，被我罵，結果她卻說：『我就是很爛，考最後一名很開心啊！反正比爛，我是第一名。』還一副很驕傲的樣子，我整個很傻眼。」

爸爸很擔心地問我：「怎麼辦？拉拉怎麼會這樣說？她怎麼會變得這麼消極？」

假裝不在乎，內心才不會受傷

其實拉拉會這樣說，是想保護自己的自尊心。因為當假裝不在乎，才不會那麼受傷。試想，如果可以考好一點，誰會想考最後一名？

現實生活中，怎麼可能會有人不想變好，而想變壞！當孩子說：「我就是爛，考最後一名沒差！」是因為唯有這樣說，失敗了，就能假裝不在乎，比較不容易受傷。

而孩子今天會變成這個樣子，不是一朝一夕造成的。孩子不會因為一個壓力源就倒下。孩子今天會變成這樣，是累積了許多事情而導致。很多時候，壓垮駱駝的最後一根稻草，可能只是一件小事。

壓力是一點一滴累積而來的。例如：孩子今天在學校和同學吵架，又剛好沒考好，被父母唸了兩句，結果就爆炸了。如果今天只有單一事件發生，孩子可能還有力氣撐一段時間。

因此，當我們能認知到：孩子的問題不會是無緣無故惡化成為今天這個樣子，是長期累積而成的；那麼，我們就不會期待孩子能在短時間內，就有明顯的改變。

有了動機，她從拒學到正常上學

這幾年和青少年工作的經驗中，很多時候可以感受到導師和家長的挫折及無力感。我也努力地和孩子晤談，試著看見孩子的亮點，但有一些孩子仍然沒有太大改變。

我之前遇到一位拒學的七年級女生小玄。開學兩個月後，有個同學在小玄背後說她的壞話，小玄就再也不肯來學校了。

小玄對於來學校有非常多的擔心，像是和同學不熟，害怕被同學討厭，也擔心上課聽不懂怎麼辦。因為小玄愈來愈少到校，她很擔心自己因為沒上課，考試不會寫，如果同學改到自己低分的考卷，她會覺得很丟臉。因此，小玄更不想到校了。

七下的第二次月考，媽媽帶著小玄到校。媽媽原本告訴小玄，來學校以後，她不想考試也沒關係，至少待在輔導室看看書也好。但後來媽媽半鼓勵半強迫地希望孩子進班考試，小玄覺得自己被騙了。

小玄站在輔導室外，眼淚不斷流下，卻一步也不肯移動。小玄一臉倔強地瞪著媽媽。

我問小玄沒辦法進班的原因，她說：「現在進班已經遲到了，進去很丟臉。」不管媽媽、導師在旁怎麼勸說，她仍然僵在原地不動。

一直到考試鐘聲響起，此時卻換媽媽開始掉眼淚了。

媽媽告訴我：「我真的不知道我做錯了什麼。是我太寵她，把她寵壞了嗎？我也不知道我還可以做什麼。我自己去諮商，也買了親職教養的書。書上說要怎麼跟孩子講話，我就改變以前的說話方式。我也試著想要理解她的心情，但她還是這個樣子……從上學期十月開始到現在五月，我都覺得我要得憂鬱症了！」

奇蹟出現

就這樣，七下結束了，小玄的出席率不到四分之一。但小玄升上八年級，就像奇蹟般地，小玄從開學的第一天，就主動進班上課。爸媽、導師和我都驚訝不已。

我忍不住問小玄：「之前有這麼多的擔心而無法進班，為什麼現在卻又可以了呢？」

她說：「因為妹妹是國一的新生，我不能害她丟臉，不能讓她被同學笑，說她姊姊都不來上學！」

「那你進班的這一個星期，還有什麼擔心嗎？」

「下課有時候還是覺得有點孤單，不知道要找誰；看到之前說我壞話的那個同學，也會覺得怪怪的。

「七年級只上了兩個月就沒什麼上學，數學和英文聽不太懂，但我現在回家都會念書，下課也會主動找同學問。

「其實有點後悔，為什麼要浪費一個多學期的時間在家擔心這些……」

有了「不想讓妹妹丟臉，想當妹妹的好榜樣」的這個動機，小玄有了突飛猛進的進步。

接下來，我還是兩週和她晤談一次。小玄在班上重新和同學熟稔起來，小考也有進步，她開始不擔心進班了。但她又有了新的煩惱……

「我爸媽最近吵著要離婚，他們現在都不太打掃家裡，家裡亂七八糟，垃圾沒有人倒。我實在是看不下去，就會把東西收一收，還去倒垃圾。我妹也很讓人擔心，她常常不寫作業，一直滑手機，都要我一直催她，才去寫……」小玄一臉無奈地說。

「為什麼我變好了，但現在這個家好像只有我在努力？」好幾次淚水在她的眼眶中打轉。

「這句話，其實你好想跟爸媽說，卻又無法跟爸媽說……」我同理她淚水背後的擔心及生氣。

我跟小玄談了快一年，非常訝異她的轉變。小玄從拒學到正常上學，甚至搖身一變，成為家庭裡的「小媽媽」，不僅要接手幫忙家庭的環境維護及照顧妹妹，還要聽媽媽說心事。小玄一瞬間成長了許多。

高品質的陪伴，是推動改變的契機

我們不知道改變的契機在哪裡，我們能做的就是「高品質的陪伴」。**讓孩子知道，不管發生什麼事，都有一個人陪著他**；就像現在陪著他面對發生在他身上的那些鳥事，依然對他不離不棄。

陪伴的動機不是要改變孩子，也不是勸他變好，而是單純的讓孩子感受到：「因為我愛你，所以不管發生什麼事，我都陪著你。」

如果大人的陪伴只是希望孩子聽話、想要勸孩子要好好讀書、希望孩子認真向上，那麼孩子很有可能只是對大人敷衍了事，甚至不再想和大人說話。

我們其實也很清楚，當孩子自己沒有改變動機時，不管你怎麼說都不會有用的。就像小玄是拒學好一段時間，不想害妹妹丟臉才開始願意上學。

親子關係沒有捷徑，只有經營

歌手范瑋琪在〈最重要的決定〉這首歌曲中，最後一句歌詞是「因為幸福沒有捷徑，只有經營」。雖然這首歌是在談親密關係，但我覺得親子關係也是如此。沒有捷徑，只有經營。

親子關係不是某一天就突然不和、決裂了，所有事情的發生都有預兆，例如文中的拉拉被同學排擠、課業跟不上，回家後心情不好，而常常和父母頂嘴。父母沒有覺察拉拉被同學排擠，只是唸叨著拉拉最近成績退步，希望她認真一些。

拉拉開始花更多時間在網路遊戲中，因為在遊戲中，她有志同道合的朋友，一起打怪、殲滅敵人。拉拉在網路中，得到現實生活中得不到的「成就感」及「歸屬感」。拉拉終於不再感到孤單了。

但沉迷網路的代價可不小，熬夜打電動、上學遲到、上課不小心睡著、成績變得更糟、被大人責備，但這樣一來，卻也讓拉拉更不由自主的沉迷於網路中。因為，現實生活的一切都糟透了。唯有網路遊戲，才能找到那個快樂的自己。

而親子關係的轉變，其實從父母沒有覺察拉拉被同學排擠，只是唸叨著孩子最近成績退步，那個時候就已經開始惡化了。等到拉拉的爸爸發現時，拉拉已經沉迷在網路上好一段時間了，而要在現實生活中，幫助拉拉重新找回「成就感」及「歸屬感」，又談何容易？

通常等到我們意識到孩子有狀況時，已經不是三言兩語就能修補我們和孩子的關係了。甚至有時候我們對孩子的關心，孩子不僅收不到，還覺得厭煩。這也是為什麼我們很容易覺得親職教養書中說來簡單，做起來卻處處碰壁的原因。

文中的小玄在八上時，因為不想害妹妹被取笑、想當妹妹的好榜樣而開始願意上學。但我同時也看見**在她拒學快一年的過程中，父母的改變及陪伴，這也是小玄改變的養分啊。**

而我同時也相信，危機就是轉機。危機讓我們意識到需要改變，因為痛苦而不得不成長，這就是改變的開始。

孩子不可能明天就變好，問題可能持續幾個月，甚至幾年的時間。我們能做的就是慢慢修補親子關係，陪著孩子，一起面對生活中的好事、壞事，同時也耐心等待孩子改變的契機，這就是此時此刻的任務！

孩子難以管教，怎麼辦？

父母的教養風格需調整

很多父母覺得孩子升上國中後，開始變得叛逆。其實，**青少年**是兒童到大人的過渡期。孩子開始有自己的意見，不想再被管教或掌控，這也代表孩子長大了！這個階段的孩子，**開始在「依賴父母」及「獨立自主」中擺盪**。

因此，在諮商室裡，孩子跟我抱怨爸媽很嘮叨、碎碎唸，希望他們更認真念書、考好成績；而孩子的期望則是能擁有更多自由，例如可以和朋友出去玩、擁有更多玩手機的時間等。

由此可見，在孩子成為青少年時，父母仍想要約束、控制孩子，引導孩子往好的方向發展；偏偏孩子有自己的需求，試圖想要為自己作主，因此容易產生親子衝突。

有些家長在面對孩子態度的轉變時非常訝異，也感到受傷：「小時候，他都黏著我，跟我感情很好；現在卻說討厭我，還會頂嘴、罵我三字經，怎麼會變成這樣？」

四種不同的教養類型

這幾年在學校工作，深深感受到每個家庭有多麼的不同。有些父母專斷獨裁、緊迫盯人；有些家長採放牛吃草的方式，甚至不太清楚孩子出門時去了哪裡、和誰來往；有些爸媽則對孩子十分寬容溺愛，努力滿足孩子的物質需求。

柏克萊大學心理學家黛安娜・鮑姆林德（Diana Baumrind）將「教養風格」依據父母對孩子的「情感回應」及「行為要求」，區分為四種不同的教養類型，分別

	高情感回應（high responsiveness）	低情感回應（low responsiveness）
高行為要求（high demandingness）	民主威信（authoritative）	專斷獨裁（authoritarian）
低行為要求（low demandingness）	放任溺愛（indulgent）	淡漠忽視（neglectful）

資料來源：出自Baumrind（一九九六）；Maccoby & Martin（一九八三）。

為民主威信、放任溺愛、專斷獨裁、淡漠忽視等四類（見九十頁圖）。

你也可以看看，你的教養風格是屬於哪種類型呢？

1「**民主威信型**」**的父母高情感回應、高行為要求**：

即溫和而堅定的態度，要求合理、有彈性，且標準清楚一致。高情感回應是給予孩子高關懷、高支持，溫暖回應孩子的需求；高行為要求則是堅定地表達需要孩子遵守的規定及原因。

例如孩子吵鬧，不願意坐汽車安全座椅，那麼就對孩子說明，坐汽座是為了保護他的安全，就算孩子再吵鬧，也不會解開安全帶。若不坐汽座，就只能留在家，不能一起出門。

2「**放任溺愛型**」**的父母高情感回應、低行為要求**：

對孩子較為寬容、規定少、包容性高，允許孩子自由表現出情緒及衝動行為。這樣的孩子較為自我中心，較易衝動，人際關係不佳。

3「**專斷獨裁型**」**的父母低情感回應、高行為要求，和放任溺愛型剛好相反**：

要求孩子絕對服從，甚至動用體罰，對規則缺乏解釋，希望孩子乖乖聽話。這樣的孩子可能表面不敢反抗，內心的不滿也不敢表達出來，導致孩子易被激怒、較為情緒化。

4「淡漠忽視型」的父母低情感回應、低行為要求：

父母可能因為經濟或其他因素與孩子的關係十分疏離、放牛吃草，對孩子沒有什麼要求，也很少回應孩子的需求。這樣的孩子較為我行我素，較難適應學校規定及反抗權威。

孩子並不會因為你答應他的要求，而覺得你愛他

這幾年，在我和青少年的輔導工作中，除了民主威信型的父母，其他三種類型的教養模式，可能會產生不同的親子關係議題：

父母的管教方式若為「放任溺愛型」，孩子從小在家就可能有「被寵壞」的狀況。到了國中階段，孩子開始有自己的想法，父母就更管不動了！

父母因此常常對我抱怨：「我管不動他。我昨天晚上十一點關掉網路，他就威脅說要自殺、用頭去撞牆！」「她瞪我的那個表情，好像我是仇人一樣……」孩子激烈的情緒或行為，也讓父母感到害怕，因而更不敢管教孩子。

因為「放任溺愛型」的父母長期採用高情感回應、低行為要求的模式，造成孩子予取予求、討價還價，甚至用情緒勒索的方式來要脅父母。

其實，孩子並不會因為你答應他的要求而覺得你愛他。例如孩子想要吃泡麵當早餐，如果你應允了，當孩子下次再提出其他的要求，但你卻不同意時，孩子反而可能會頂嘴：「為什麼上次早餐可以吃泡麵，今天我要吃薯條當早餐，卻不行？」

當父母因為管不動孩子，而用交換條件的方式來約束孩子時，可能會遇到孩子反過來和父母交換條件的風險。

例如父母期待孩子：「你如果考試考八十分以上，每天就可以玩兩小時的手機。」孩子可能會反過來要求或威脅父母：「我要先玩手機，才要念書。」或是：「你開網路，不然我就不寫作業／不去上學了！」

把孩子該做的事情和孩子的休閒娛樂分開

因此，最好的方式是把該做的事情和孩子的休閒娛樂分開。不是成績考好，才有網路。網路不是獎賞，而是孩子本來就該有的休閒。不把兩者掛鉤在一起，否則事情可能會變得更複雜。

例如：每天寫完作業，可以玩半小時的電腦。這個權利，不會因為孩子考得差，或是孩子犯了什麼過錯而被剝奪。當父母能這樣做，我相信孩子能感受到被尊重，自然也更能尊重父母對自己的要求。

另外，從小的時候，給予孩子高行為要求，亦即「**明確的規範**」十分重要。例如要完成作業才能使用網路、使用網路的時間是約定好的，以及每天固定時間就寢。否則當孩子出現網路成癮的狀況，父母卻因為怕孩子的激烈反彈而不敢約束網路時間，也會讓學校老師很難施力。

父母善用「同理心公式」：簡述語意＋情感反映

而和「放任溺愛型」剛好相反的，是「專斷獨裁型」的父母。

曾經有個家長問我：「我每天準備三餐給他吃，中午還送便當去學校；他身體不舒服、跌倒受傷時，我也是第一時間帶他去看醫生。我對他不夠好嗎？為什麼他感受不到我愛他？」

的確，為什麼父母的關心，對於一些孩子來說，卻像是責備呢？

因為「專斷獨裁型」的父母，孩子感受到的是高行為要求及低情感回應。縱使父母每天幫他準備三餐、帶便當，食衣住行都照顧得好好的；但**孩子只感受到「被要求」**，例如要好好念書、不能和朋友出去、考不好被父母唸。孩子**感受不到「被愛」**的感覺，因此容易產生頂撞父母、不服從管教的狀況。

因此，「專斷獨裁型」的父母可以改為高情感回應，例如當孩子考差時，不是只問孩子：「你怎麼考這種成績？」這樣說，孩子可能感受到被責備，心裡產生防衛而對父母頂嘴。

父母可以改為關心孩子的情緒：「你這次沒有考好，會不會有點失望？」這個句型就是「同理心公式」：簡述語意＋情感反映。簡述語意就是摘要孩子說的話或是某個困擾，情感反映就是猜測孩子的情緒。

其實，父母的期待，孩子都感受得到。當孩子沒有考好，心裡可能也很自責或失落。若孩子能感受到被理解，就拉近了親子之間的距離。

而「淡漠忽視型」的父母，父母可能忙於工作或身心狀況不佳，而無法給予孩子需要的關愛及約束。父母的低行為要求及低情感回應，使**孩子感受到的是「不被在乎」**。這樣的孩子在家裡感受不到被愛，很有可能容易在外尋求網友或是男的朋友，試圖在外找到溫暖。

多數的研究結論指出，**「民主威信型」為最適合孩子的教養風格**，孩子的心理健康、行為適應、學業成績等整體的發展結果也最好。

讓我們一起努力成為「民主威信型」的父母。使用高情感回應、高行為要求的教養方式，陪伴孩子身心健康地長大。

「心理師，孩子比較聽你的話，你幫我跟他溝通，好嗎？」

使用「我訊息」，孩子不會覺得被責備

「老師，他的學習態度很消極、不愛念書、成績都考不及格，我怎麼唸他，都沒用，要麻煩你多多開導他了！」

「心理師，我跟他說，他都不會聽。他比較會聽你的。你可不可以幫我跟他溝通，不要每個假日都和同學出去！」

「老師，她現在一心想談戀愛。怎樣讓她好好念書，不要心思都在男朋友身上？」

這是我在國中輔導現場，常常聽到的話。

家長的溝通，其實是想讓孩子「聽話」?!

你有發現嗎？我們以為的溝通，其實是想「控制」孩子朝我們理想的方向前進，是家長對孩子的期待，不是孩子自己對自己的期待。

父母希望孩子可以專注在課業上、積極進取；孩子希望擁有更多自由、希望能掌控自己的生活、重視同儕、想與同儕有更密切的互動。在青少年時期，家長和孩子的期待可能很不同。

當家長和孩子的期待不同，家長所謂的溝通，其實是想讓孩子乖乖「聽話」。當我們帶著主觀的想法期待孩子改變，美其名是「溝通」，其實本質上是「說服」。

而這個階段的孩子，期待從父母那邊得到自主權，自然想挑戰規範。因此，當孩子感受到「你不在乎我的想法，你只是說你想說的」，他就會閉上耳朵，或是敷衍了事，且行為不會有任何改變。如果你管得嚴、罵得兇，有些孩子甚至會開始反抗權威，對父母頂嘴、咆哮，甚至離家出走。

孩子消極、反抗的態度，讓父母更加焦慮。因為焦慮，父母說得更多，孩子就更不想聽。

我們會以「叛逆期」來形容青少年，其實這也代表著：我們仍想掌控孩子，希望孩子聽我們的話。

父母要學習對青春期孩子放手

面對孩子的成長，父母可能感受很複雜，例如會同時感受到「欣喜」及「失落」，欣喜著孩子的長大、成熟；失落則是發現孩子不再那麼需要我們了。孩子也不再像之前一放學回家就滔滔不絕地和父母分享學校的事，孩子開始有「祕密」，父母可能會失落地發現，自己的地位完全不如同儕。

孩子不在父母身旁的時間也愈來愈長。他們在學校待了一整天，去補習、去社團、和同學出去玩，回家忙著趕作業、寫報告、準備考試，親子交集減少許多。孩子甚至試圖想要離父母遠一些，排斥過分親暱的舉動，例如不想再和媽媽在馬路上牽手，這也可能讓媽媽感到受傷。但這些，都代表孩子長大了，他正在為未來能離家的那一刻做準備。

因此，這個階段的父母，需要練習的是：開始學習放手、不要擔心過多，以及給孩子多一點的空間。**父母處理自己失落的情緒也很重要，理解「孩子不是不重視你，只是他表達愛的方式，不再是黏在你身旁」**。

真正讓情感延續的，是「關係的品質」。如果孩子在家中感受到的是被理解、被尊重、被支持，而不是被否定、被控制。那麼，就算孩子將來長大離家再遠，他會知道不管怎樣都有一個家在等他；遇到挫折和困難，他知道有一個避風港，可以回來充電、再出發。

因此，到底要怎麼和青少年溝通呢？

善用「我訊息」，讓溝通事半功倍

「你再不好好讀書，成績這麼爛，以後畢業能找到好工作嗎？」

「這麼簡單的事情都做不好，真不知道你還能做什麼！」

「你每次都說會做，每次都沒有做到！」

以上這些話屬於「你訊息」，「你訊息」的溝通內容著重以第二人稱「你……」的形式表達自己的想法，如「你應該、你不可以……」帶有權威及責備的口吻，以及主觀價值的陳述，會讓對方感受到「被否定」，當然也就不願意溝通了。

我們可以試著運用「我訊息」來和孩子溝通。「我訊息」的表達方式是為自己的感覺和思考負責任，陳述在什麼情況下、為什麼我有這樣的感覺，以「我」作為開頭，使用「事實／感受及原因／期待」這個類型的句子，就能明確表達出自己的意思。

例如：「你怎麼又那麼晚回家！」（你訊息）聽起來是責備的語氣，可以改成「我訊息」：

1 客觀描述事實：**我看到**你今天晚回家，還沒有接電話，我不知道你去了哪裡。

2 感受及原因：**我覺得**很生氣，因為我會擔心你的安全。

3 期待：**我希望**你能早點回家。如果晚回家，要先打電話跟我說一聲。

「我訊息」最珍貴的是把內在感受和期待說出來

在「我訊息」最後，可以用商量的語氣和對方討論：「你覺得呢？」「你有什麼想法呢？」而不是「我」的想法就要對方照單全收。

我訊息包含了我的感受、感受的原因及期待，**目的是想要表達自己的感受及想法，而不是想攻擊、批評對方**。例如：「我覺得你做錯了！」「我討厭你！」這樣的話，就不是我訊息。

許多人會誤會我訊息只是把「你」改成「我」，但其實不是如此。我訊息最珍貴的地方是把自己的內在感受和期待說出來。而感受也不是只有表達「表層的感受」，表層的感受像是生氣、不爽，容易讓對方感受到被責備，反而激怒對方。

我們可以試著讓對方知道的是「深層的感受」，是感受的感受，例如：擔心、自責、害怕、失望、沮喪、難過、緊張、委屈等。例如：對於孩子晚歸感到「生氣」，但生氣的背後其實是很「擔心」孩子是否遇到危險。

同時，**在說話之前，要先做的是消化、沉澱自己的情緒，你才能去覺察「深層的感受」為何**。如果「我訊息」是在憤怒、激動的狀況下說出口，也可能讓對方感受到被指責、被否定，而激起對方的情緒。

讓我們以下方的表格來練習：

表達自己的感受時，並不是要對方聽從我們的話

還有一點值得注意：表達自己的感受時，並不是要控制對方，使對方不得不聽自己的話。如果我們表達自己的感受時，是試圖想要控制對方的行為，希望對方聽自己的話，不然就代表「你不愛我、不在乎

情境	你訊息	我訊息
孩子飯後把碗丟在桌上，便直接去看電視。	你每次都這樣，好像要別人伺候你似的，真是不應該！	1 客觀描述事實：**我看到**你沒有洗碗就去看電視。 2 感受及原因：**我覺得**有點生氣，**因為**我有點累了想早點休息。 3 期待：**我希望**你可以趕快收拾好餐桌。
孩子一邊讀書，一邊聽音樂。音量太大，吵得你心神不寧。		
今天你比較晚下班，回家後發現孩子在打電話，作業卻還沒寫完。		
你最近有遇到什麼不舒服的情境嗎？ 請寫下來練習看看。		

我」；或是試圖讓對方感到愧疚、自責、罪惡感，這可能就是一種情緒勒索。

例如：

X「你今天晚回家，還沒有接電話，讓我很擔心。家人在你心裡是不是根本一點也不重要，不然怎麼會連說一聲都沒有？」（你如果不聽我的話，就代表你不愛我、不在乎我）

X「你今天晚回家，還沒有接電話，讓我很擔心。我覺得你很自私，都不會想到別人會很擔心你！」（試圖讓對方感到愧疚、自責）

X「我這麼辛苦照顧你長大，你卻考這種成績，你怎麼忍心讓我失望？」（試圖讓對方感到愧疚、自責）

「我訊息」不僅適合和孩子溝通，也適合任何需要人際溝通的地方，例如伴侶關係、家人、職場上。希望「我訊息」這個溝通方式，能成為你和他人溝通的最好的橋梁。

注意：每個人的寫法不同，以下答案（見一〇四頁表格）僅供參考。只要你能真誠表達出自己的感受及期待，不指責或試圖情緒勒索對方，就會是好的「我訊息」。

參考答案：

情境	你訊息	我訊息
孩子飯後把碗丟在桌上，便直接去看電視。	你每次都這樣，好像要別人伺候你似的，真是不應該！	1 客觀描述事實：**我看到**你沒有洗碗就去看電視。 2 感受及原因：**我覺得**有點生氣，**因為**我有點累了，想早點休息。 3 期待：**我希望**你可以趕快收拾好餐桌。
孩子一邊讀書，一邊聽音樂。音量太大，吵得你心神不寧。	你好吵，把音樂關掉！	1 客觀描述事實：**我看到**你一邊讀書，一邊聽音樂。 2 感受及原因：**我覺得**有點大聲，讓我不太舒服，**因為**我沒辦法專心做我的事。 3 期待：**我希望**音樂可以調小聲一點。
今天你比較晚下班，回家後發現孩子在打電動，作業卻還沒寫完。	你到底在幹麼，什麼事情都沒做，只會玩手機！ 沒有責任心，以後還能做什麼！	1 客觀描述事實：**我看到**你沒寫完作業就在打電動。 2 感受及原因：**我覺得**很生氣，也覺得有點失望，**因為**我一直很信任你，才讓你自己待在家。 3 期待：**我希望**你能先寫完作業，再來打電動。

Part 3

當青春期孩子出現問題行為

孩子說謊、作弊……

孩子的問題行為，其實是「生存策略」

青春期的孩子很多時候並不討喜。他們倔強、滿不在乎的神情，愛發脾氣、叛逆的表現，需要幫忙卻還是嘴硬否認，常常說「還好、不知道、沒差」，假裝無所謂。

青春期的孩子抽高的身體、像大人的說話方式，但其實內心還像個孩子。

很多大人會問，為什麼孩子心裡有話卻不直說呢？因為孩子開始在意他人對自己的評價。因此，孩子不再像小時候那樣天真單純，肚子餓就說餓了、難過想哭就大哭一場。在孩子還小的時候，被哥哥欺負了就哇哇大哭。哭完，擦擦眼淚，下一秒又和哥哥笑著玩在一起了。在兒童期，孩子的情緒來得快，去得也快。

但青春期的孩子要鼓起好大的勇氣才敢求助，他們怕被罵、被笑而無法輕易說出自己遇到的困難。如果他們發覺說出口後，不被父母理解、被責備了，或被笑說「想太多」，很有可能之後就不願意再說了。

當孩子到了青春期，若孩子遇到困難，他會在洗澡的時候偷偷地哭，不再主動說：「我需要幫忙！」取而代之並表現出來的，就是那些問題行為，例如說謊、作弊、逃學、割腕等。這些不討喜的問題行為，讓父母既擔心又難過，認為孩子開始叛逆，不解孩子怎麼會變成這樣，是不是自己哪裡做錯了。

孩子因為不討喜的問題行為而被父母責備，但其實，這就是孩子的求救訊號。

父母看到孩子的問題行為，急著糾正孩子；但其實孩子遇到困難卻又愛面子，試圖隱藏自己的脆弱。他們拒絕父母，但內心卻又好渴望父母的鼓勵和支持。

第一步：理解孩子問題行為背後的動機

當孩子出現問題行為，很重要的第一步是：你願意去理解孩子問題行為背後的動機嗎？

孩子不會無緣無故出現問題行為。孩子的問題行為，其實是「生存策略」，滿足孩子的某種內在需求。

例如：孩子買東西送給同學，是為了**換取友誼**。

孩子不知道怎麼交朋友，於是常常送東西給同學。這個行為的確不妥，因為用金錢交到的朋友，不一定會是真心的朋友。但孩子為什麼要這麼做呢？是為了得到友誼。

例如：孩子對父母大小聲、不肯認錯，是為了**保護自尊心**。

其實，孩子自己知道錯了，也會感到自責，但礙於面子，才會這樣大聲頂嘴。不然會面子掛不住，下不了台。

第二步：理解孩子的行為可能不適當，但動機是良善的

例如：孩子買東西送給同學，是為了**換取友誼**。

每個孩子都需要被愛。當孩子在班上交不到朋友時，就只能用這個方法了。這也提醒大人：孩子的「愛與隸屬」需求，沒有得到滿足。

例如：孩子對父母大小聲、不肯認錯，是為了**保護自尊心**。

孩子如果不嘴硬狡辯，他自己都無法原諒自己，會覺得自己爛透了，自尊心受到打擊。

孩子的問題行為滿足了什麼心理需求

那麼，到底孩子的問題行為滿足了什麼內在動機呢？我們要先了解問題行為背後的心理動機，即問題行為滿足了什麼心理需求。

從心理學家馬斯洛（Maslow）需求層次理論（Need-hierarchy theory）來看，由低到高，分別為生理需求、安全需求、愛與隸屬需求、自尊需求、自我實現需求。當我們滿足下層基本的需求，才會往上滿足更高層次的需求。

舉例來說，父母常見的困擾是孩子不愛念書，若孩子表現出消極、缺乏學習動機的狀況，從馬斯洛的需求層次理論來看：

一 **生理需求**：在家庭中，父母照顧孩子的情況是如何呢？是否有經濟上的困難？或是

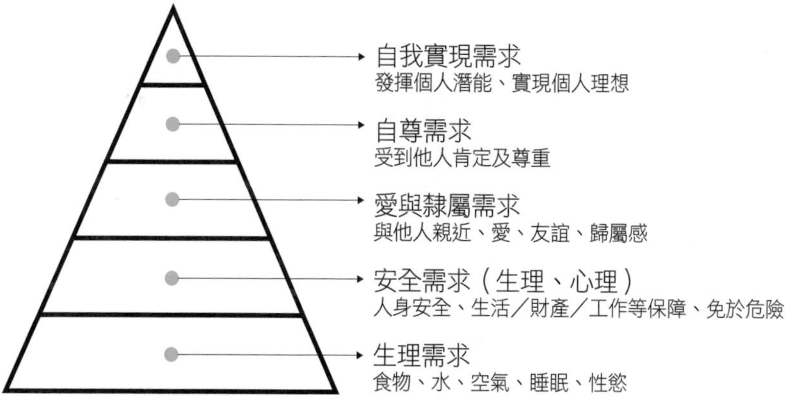

家人因生病而照顧不周呢？這些都會導致孩子的生理需求沒有得到滿足。試想，如果是一個吃不飽、穿不暖的孩子，哪有心力顧及功課呢？

二 **安全需求**：孩子在家裡及學校中，有感受到安全嗎？例如家裡會有人上門討債；在學校中，有人威脅孩子交保護費、孩子遭受到排擠或霸凌等。當孩子在生活中有安全感，他才有可能把心思放在課業上。

三 **愛與隸屬需求**：孩子的親子關係、師生關係、同儕關係好嗎？如果孩子常常被大人責備、不受同學歡迎、沒有人覺得他是個好孩子；孩子可能轉而找網友、談戀愛，或向外尋找朋友（如參加陣頭、飆車），以得到「愛與隸屬」的感覺；或是出現更多問題行為，試圖引發大人關注。

若孩子在生活中覺得不被愛，那麼可能會花很多時間在「討愛」，心思自然無法放在課業上。

四 **自尊需求**：孩子有受到他人的尊重或被肯定嗎？孩子對自己有自信嗎？如果孩子對自己沒有自信，爸媽又常常罵孩子很笨，導致孩子自我效能感（註）很低，而容易產生自我跛足的信念。那麼，一個總是覺得自己什麼都做不好、自認「我很笨」的孩子，念書也會產生困難。

五 **自我實現需求**：當孩子以上的四個需求都能得到滿足，才有可能開始尋求「自我實現」，為自己認定的理想或目標付出努力。

其中二、三、四的需求，就是我們常說的「安全感」、「歸屬感」以及「價值感」。

當孩子出現問題行為時，除了導正孩子的行為以外，最重要的是理解孩子問題行為背後的動機，陪伴孩子，看見這個行為滿足了孩子的哪些內在需求（如上述的五個需求），才能真正對症下藥。

父母可以幫助孩子用「除了問題行為」以外的方法，滿足孩子的內在需求。例如：「愛與隸屬需求」不被滿足的孩子，父母可以想辦法增進親子關係，如多同理孩子的感受。而「自尊需求」沒有被滿足的孩子，父母不要一天到晚罵孩子很笨，而是練習看到孩子的優點，肯定孩子也有做得好的地方。

孩子的問題行為，反映出家庭裡的互動模式

孩子的問題行為，很可能也是反映家庭系統的運作、互動的狀況，所產生的人際互動模式。

之前，我有一個作風強勢、喜歡主持正義、排擠他人的七年級個案W。她是排球隊的主力，在班上就像個大姊頭，同學都怕她。當她覺得同學有哪裡做錯時，就會大聲地糾正同學，還有人被她罵哭了好幾次。

導師覺得W的個性很霸道，於是她被導師轉介來輔導室晤談。

後來，我們談到她的家庭。原來，爸爸從小會家暴她及媽媽。爸爸是藍領階級，下班後常會和同事去喝酒。喝酒回家後，看什麼都不順眼，就會對媽媽動手。

話鋒一轉，W驕傲地說，小學四年級以後，爸爸不會再打媽媽了！因為那個時候，W已經長得夠高、夠壯，也開始練球，會喝止爸爸對媽媽施暴，爸爸就不敢再對媽媽動手了。

在W的生命經驗中，身邊的人可能是不能信任的，她需要用拳頭才能保護自己。我陪著W去看見，因為有酗酒家暴的爸爸，導致她很難信任他人；以及她為何要這麼努力讓自己變得更強壯，是因為在家中，這樣才能保護媽媽不被打。**當W能覺察到這個人際互動模式，就是改變的開始**。

因此，我們看到了W努力讓自己趕快長大、努力變得更強壯，背後的動機是來自於她在原生家庭中需要保護媽媽。

這個人際互動模式，是W從家裡學到的，自然也就帶到班上了。但班上同學不是她的爸爸，不會欺負她，她其實不需要對同學那麼兇。

有了這個覺察之後，W就能練習「微調」她的人際互動模式。當她又不小心對同學怒目相向時，她練習幫自己踩剎車、深呼吸提醒自己，再跟同學好好說話。

我們帶著從原生家庭學到的人際互動模式，複製在往後的關係中

如果我們能看見孩子行為背後的環境脈絡，對於孩子惱人的問題行為，就能多一份理解、寬容及慈悲。我們不會再用「霸道」來形容W的個案，而是會看見**她從小努力變得更強壯，是為了保護她所愛的人——她的媽媽**。

我們帶著從原生家庭學到的人際互動模式，複製在往後的人際關係、伴侶關係中。

另一個個案是個中年婦女G。G說，媽媽常常罵她「沒路用」，她因此常常覺得自己是不值得被愛的。因此，在人際關係中，她總是怕被別人拋棄，而常常討好他人，她覺得只有這樣，才能獲得別人的喜歡。例如：她幫同事收拾爛攤子，甚至當她先生有外遇，她還

覺得是自己的問題。

覺察，是改變的第一步。如果G能透過諮商、閱讀書籍、參加講座課程等方式，覺察到自己的討好源自於幼年不被愛的經驗，練習療癒自己的內在小孩，重新把自己愛回來，就能進一步調整自己的人際互動模式：練習對他人說不、不再低聲下氣地討好他人，也才能活出自己真正想過的人生。

面對孩子的問題行為，在我們生氣、惱怒之餘，若能花一點心思去理解孩子行為背後滿足了什麼需求，以及家庭如何影響孩子變成現在的樣子，我們將不再只是責備孩子不要偷竊、不要說謊，而是去看到孩子偷竊及說謊背後未被滿足的需求。

當我們試著理解孩子背後的動機及未被滿足的需求，才能真正幫助孩子、治標也治本。

註：自我效能感（self-efficacy）指一個人能否運用自身的能力，相信自己可以做到某些事情、達成目標的程度。

孩子用偏差行為來獲得關注

最近，八年級的小平被導師轉介來輔導室。小平常常在上課時睡覺，被叫醒還會發飆；小平交友複雜、常常無照騎車、半夜跑出去玩，有時睡過頭就乾脆不來上學，一週大概會缺席兩三天。

導師和爸媽聯繫，但小平爸媽說他們也管不動小平。

第一次晤談，我們聊了小平的生活近況。小平說，最近收到區公所「強迫入學委員會」寄發「長期缺課」的勸止書，他擔心之後要被罰錢；於是，小平最近這兩週幾乎每天都有到校。我肯定小平的改變。

第二次的晤談，我請小平評量生活滿意度：「一分到十分，你會給你的生活幾分呢？十分代表你對目前的生活非常滿意，一分代表你覺得現在的生活很糟，有很多想改變的地方。」

我有時會問孩子這個問題，因為**這個問題可以很清楚地看見孩子對於目前生活的渴望和期待**。

小平回答：「六分。」

「六分，怎麼說呢？」我問。

小平的回答，讓我有點吃驚。小平說：「我想，如果我沒有認識J，我可能會和現在不一樣……我認識他以後，就變得很愛玩。」

J是另一個令人頭疼的孩子。除了和小平一樣會無照騎車，J還會對導師罵三字經、反抗權威、欺負弱勢同學、對同學惡作劇，比小平還要更令人頭疼。

我很驚訝聽到他這麼說，因為我知道他和J是好朋友。

「愛玩不好嗎？」我問小平。

「可能讓爸媽有點擔心吧……」

「其實，你也曾經想當個好孩子，對嗎？」

小平跟我分享了另一個故事。

「其實，我現在在班上沒有什麼朋友。我曾經和B很好，我們有共同的興趣，都很喜歡收集模型，還會一起打傳說。去年B生日的時候，我就送他一個他很想要的神像模型，他很開心地拿回家；但第二天，他卻拿來還給我……

「B說，他媽媽說：『不要跟那種愛玩、成績不好的同學玩在一起。』我就把那個神像的模型拿去燒掉了！之後，我就很少找他講話。現在，幾乎沒有再說話了。」小平說得一派輕鬆，像是別人的事。

「那麼這件事，你有什麼感覺呢？」

「沒差啦，反正也不差一個朋友。」小平依舊嘻皮笑臉，但似乎能聽見他話裡隱微的落寞。

「我猜，你可能有點失落、難過，也有點受傷，是嗎？」

小平點頭。

「所以你才說，如果你沒有認識J，你可能就不會變得那麼愛玩。其實，你也曾經想當個好孩子，對嗎？」

小平點點頭。

「聽起來你有點想改變耶，我覺得現在要改變都還來得及。就像你這學期通過特教鑑定，去多元學習中心上課。老師說你很認真耶，上課還會回答問題。」我試著鼓勵小平。

「來不及了啦，要重新投胎吧！」小平說。

「怎麼說來不及了呢？」我問。

小平沒有回答我。我也知道這個問題的確不好回答。

「那如果生活中發生什麼事情，會變成七分呢？」我問小平。

小平說：「買摩托車吧！我國三想要開始打工賺錢。我朋友開機車行，我想買一台二手的。」

我問小平：「但這樣會不會離你想要當個好孩子愈來愈遠呢？」

小平說：「其實我也很愛玩，所以已經回不去了……」

第三次晤談，小平說他半夜沒有出去玩已經快一個月了，今天想跟他的拜把兄弟出去夜衝。

我問他：「其實你想要做個好孩子，但是你發現你做不到，要回頭已經很難了；所以做現在你想做的事情，反而比較容易，是嗎？」

小平點點頭：「飆車的時候滿開心的，好像忘記所有煩惱。」

「你有什麼煩惱？」我有點驚訝，因為平常大剌剌的小平，看不出有什麼煩惱。

小平抬起頭來看我，表情變得有點凝重：「我爸媽常為了錢而吵架。姊姊好像很愛花錢，她都買名牌包，還有燙頭髮、染頭髮。她雖然有在打工，但還是會跟我媽拿錢。」

小平不再是平常那副滿不在乎的樣子。

當孩子不管怎麼做都得不到正向關注，那麼，得到負向關注總比被忽略好

當孩子沒有做到「應該」要做的事情，很容易被父母、師長認為不夠好，例如沒有準時上學、認真上課、準時交作業、對老師有禮貌、和同學友善相處等等。這套標準，對於一些乖孩子來說是「日常」；但對於某些家庭管教功能不彰、遭遇家庭變故或逆境的孩子來說，可能難如登天。

在學校中，能得到讚美或肯定的，最關鍵的還是孩子的學業表現。**許多研究指出，中學生的壓力來源，課業壓力始終是第一名。**

尤其當孩子進入到青春期，開始有自己的想法和意見，而這時，課業也變得更加艱難。當孩子在課業中挫敗連連，在班上又不受歡迎時，一不小心，不僅原本該做的事情做不到，還出現偏差行為，像是偷竊、說謊、抽菸、嗆老師等，變成大人心中的壞孩子。

他們發現，他們不管再怎麼努力，都不可能變成好孩子。學校有太多規定是本來就應該要遵守的，例如準時交作業、上課認真聽講。這些都是本分，做不好會被責備，而做得好是「應該」。

因此，這些孩子可能本來就不愛念書，一些生活常規也無法遵守或按時完成；他們會失落地發現，他們就算偶爾乖巧一些，也不可能得到「正向關注」，得不到任何父母師長的獎賞或肯定。

你可能會說，得不到「正向關注」有什麼關係，至少該做的事情要做好呀！這不是學生的本分嗎？其實，**人都有被關注、被重視、被看見、被愛的需求**。不管是正向或負向關注，總比被忽略來得好。

於是，這些孩子轉而做出更多的偏差行為，以得到關注，而得到的就是「負向關注」了。

孩子從那些所謂的偏差行為中，得到了「歸屬感」和「成就感」。在班上很厲害、很威風，因為這些例如飆車、嗆老師等，不是所有同齡的孩子都能做得到呀！他們得到老大的地位，同學對他們投以羨慕或崇拜的眼神，滿足了他們被看見、被肯定的需求，因此增強了他們的行為。

而老師或父母是怎麼看這樣的孩子呢？

常常有老師或家長跟我說，孩子升上國中後變叛逆了，他們很困惑不解：「孩子明明知道這樣做是錯的，為什麼還要明知故犯呢？他怎麼這麼不成熟，讓父母傷心呢？大家都這麼關心他、這麼愛他，為什麼他還要自暴自棄、自甘墮落呢？」

文中的小平，也曾經想當個好孩子，但他發現已經回不去了！當個壞孩子，生活很刺激有趣、很好玩，也得到歸屬感和成就感。

雖然小平對於父母、師長的責備，表現出滿不在乎的樣子；但實際上，小平依然能感受到父母對他的擔心及失望，也發覺同學開始用不同的眼光看他，離他遠去。小平也會感受到失落、後悔及自責。

其實，選擇當個壞孩子，面對這些壞孩子的標籤，這些孩子縱使看起來嘻皮笑臉，但或許仍然沒有得到真正的快樂。

人，不會是無緣無故變成今天這個樣子。孩子不會無緣無故出現偏差行為，當我們看見孩子的行為背後滿足了哪些需求時，我們就會發現，一切都其來有自。

沒有人想當壞孩子，但倘若孩子發現，自己不管怎麼做都得不到正向關注，那麼，得到負向關注總比被忽略來得好。

生活中有沒有其他事情，能幫助孩子得到歸屬感和成就感呢？

當你心中原本的好孩子變壞了，不是要求他馬上變回好孩子，例如要他每天準時上學、認真上課、努力念書等等，因為他一定做不到。我們只能先試著不發怒、不責備，站在孩子的角度，理解孩子的偏差行為滿足了他什麼需求，例如孩子可能從負向行為中得到了歸屬感和成就感。

大人可以換個角度思考，生活中有沒有其他事情，也能幫助孩子得到歸屬感和成就感呢？**好的親子關係、師生關係或同儕關係，能幫助孩子得到歸屬感**。成就感的部分，若孩子成績不好，怎麼幫助孩子得到成就感？是很多父母、師長困擾的問題。**讓孩子當小老師、給予一些任務、請他幫忙某個同學等**，其實有好多方法，等著你去試試看。

如果孩子要做好所有學生的本分，才能當個好孩子，才能得到「正向關注」，但這對於某些孩子來說太困難了，孩子很容易做不到就直接放棄，甚至改由偏差行為中得到「負向關注」。

因此，我們不要把孩子做得好的地方視為理所當然，而是放大他任何小小的改變。例如文中的小平，當他到多元學習中心上課時，有比在原班上課認真；而且最近有一個月沒有出去飆車。**這些，都不是「應該」，而是「改變」呀！**

大的改變，就從這些小小的改變開始。（參見六十六頁〈別把孩子做得好的事視為理所當然，孩子的每一份努力，都希望被你「看見」〉一文）

孩子手機不離身，是網路成癮嗎（一）？

孩子上網時間的管控

你的孩子，總是手機不離身、常常盯著螢幕傻笑嗎？

這三年來，因為疫情，大家減少出門、學校線上教學的緣故，網路成癮的孩子變多了。孩子因為各種不同的原因，例如生活中沒有成就感、在班上沒有朋友，或是生活空虛無聊，而開始沉溺在網路世界中，無法自拔。

因為網路成癮，孩子的作息開始變得不正常。早上起不來，漸漸地，開始遲到、曠課。也因為愈來愈少去學校，課業開始跟不上，和同學變得疏遠，有些孩子最後就中輟了……

讓父母非常困擾的是，當父母發覺孩子網路成癮時，若限制使用時間，孩子開始煩躁不安、容易情緒失控；若強行把電腦或手機沒收，孩子卻對父母咆哮大吼，甚至以死相逼。

使得父母就算覺得困擾、再怎麼擔心孩子的狀況，卻也不敢再輕易收走孩子的手機。

網路成癮到底是什麼呢？網路成癮泛指過度使用網路／電腦、難以自我控制，導致學業、人際關係、身心健康、家庭互動、工作表現上出現負面影響。

「網路成癮」是一種病嗎？

目前網路遊戲成癮被世界衛生組織在《國際疾病分類》（ICD-11）正式列為精神疾病：「遊戲障礙症」（Gaming disorder）。要診斷為遊戲障礙症，其行為必須有足夠嚴重性，導致個人、家庭、社會、教育、職業或其他重要功能領域重大損害，通常至少會持續十二個月。

遊戲障礙症的特徵為：

1 玩遊戲的控制力受損。

2 生活以電玩為優先，忽略其他興趣和日常活動。

3 即使造成負面影響，仍持續增加打電玩時間。（註1）

如果你擔心孩子有網路成癮的狀況，以下有兩份量表，可以請孩子填寫。

網路成癮是複雜卻又難解的問題。當孩子出現網路成癮的狀況時，父母常會對我說：「**這些我都知道，但我不敢關網路，因為孩子很反彈。**」但若因為孩子的強烈反彈，父母就不敢再約束孩子，那麼孩子就會知道他可以繼續對父母情緒勒索。

若孩子情緒失控或強烈反彈，父母可以找尋輔導室、精神科醫師或心理師的協助，而不是就此妥協。父母還是要視情況，約束孩子使用網路的時間，而不是任孩子想玩就玩通宵。

父母也要有心理建設，處理孩子的網路成癮是一條漫長的路，

短版手機遊戲成癮量表

請依照你這3個月的實際情形，在每項敘述選擇1到4分。

1 我曾因長時間玩手機而眼睛酸澀、肌肉痠痛，或有其他身體不適。
☐ 極不符合（1分）｜ ☐ 不符合（2分）｜ ☐ 符合（3分）｜ ☐ 非常符合（4分）

2 我常常原本沒有打算玩手機遊戲，卻會忍不住拿起手機來玩一下（滑一下）。
☐ 極不符合（1分）｜ ☐ 不符合（2分）｜ ☐ 符合（3分）｜ ☐ 非常符合（4分）

3 在過去的3個月裡，我感覺需要更常玩手機遊戲，或玩更久的時間才覺得我玩夠了。
☐ 極不符合（1分）｜ ☐ 不符合（2分）｜ ☐ 符合（3分）｜ ☐ 非常符合（4分）

4 如果不能玩手機遊戲，我會覺得靜不下心、感到很煩躁。
☐ 極不符合（1分）｜ ☐ 不符合（2分）｜ ☐ 符合（3分）｜ ☐ 非常符合（4分）

若總得分10分以上，就需要謹慎評估是否過度沉迷於手機遊戲。

要有長期抗戰的心理準備。

當孩子網路成癮，父母可以怎麼做呢？

1 孩子上網時間的管控

我覺得**最好的方式是：手機的所有人是爸媽，而非孩子。**孩子每天回家後，需要先完成功課、複習或準備明天小考。今天的任務都完成之後，才有屬於自己的休閒時間。

這個休閒時間是父母和孩子共同約定好的，例如半小時、一小時或更長的時間。也不要一開始約定一個太短的時間

網路使用習慣自我篩檢量表

1 想上網而無法上網的時候，我就會感到坐立不安。
☐ 極不符合（1分）｜ ☐ 不符合（2分）｜ ☐ 符合（3分）｜ ☐ 非常符合（4分）

2 我發現自己上網休閒的時間愈來愈長。
☐ 極不符合（1分）｜ ☐ 不符合（2分）｜ ☐ 符合（3分）｜ ☐ 非常符合（4分）

3 我習慣減少睡眠時間，以便能有更多時間上網休閒。
☐ 極不符合（1分）｜ ☐ 不符合（2分）｜ ☐ 符合（3分）｜ ☐ 非常符合（4分）

4 上網對我的學業已造成一些不好的影響。
☐ 極不符合（1分）｜ ☐ 不符合（2分）｜ ☐ 符合（3分）｜ ☐ 非常符合（4分）

【計分方式】

- 適用對象為國小三年級至大學之學生（10歲至25歲）
- 篩檢切分點：11分或以上（高使用沉迷傾向）。
- 本量表可供一般大眾自我篩檢使用，惟篩檢切分點僅供參考。

（例如半小時），而後因拗不過孩子的耍賴，而不斷延長（例如延長至一小時、甚至兩小時），那這樣就失去一開始約定的意義了。

若孩子因為打電動，遊戲還沒結束，不得不延長二十分鐘，那麼隔天的使用時間就要減少二十分鐘。

這個休閒時間，也不要因為任何事情而被剝奪。之前有一個八年級的男生，在學校表現活潑大方，人緣還不錯，成績是全班前五名，但親子衝突卻非常嚴重。

某次，他突然三天沒有上學，第四天導師準備通報中輟前，我和導師去家訪。我問孩子為什麼突然不上學。孩子說：「我就是故意氣我爸。我想要讓我爸被罰錢。」（註2）

為什麼父子之間的親子衝突那麼嚴重呢？去家訪的那天，爸爸給我看了一張洋洋灑灑的家規：每天讀英文半小時、對父母有禮貌（我認為這個很抽象，要怎麼定義是否對父母有禮貌呢？父母和孩子的定義可能不同）、成績要考八十分以上……家規總共有十項，如果有一項沒有做到，爸爸就可以關掉網路。我想到這裡，你應該也猜得到孩子為何想害他爸被罰錢了。

2 網路使用和課業表現，一碼歸一碼

還有另一個很重要的原則是：網路使用和課業表現，一碼歸一碼。父母要能給予孩子適

當的娛樂時間，不和其他事情掛鉤。因為我在國中教育現場的工作經驗中發現，父母若不這樣做，之後會衍生更多問題。

例如很多家長會用開放網路作為孩子課業成績好或表現好的獎勵，或是反過來，孩子只要什麼事情沒做好，就威脅孩子要停用網路。這樣一來，孩子若不服氣，可能會有樣學樣地威脅父母：「你給我網路，我才要念書！」「你給我網路，不然我就不去上學了！」而引發更大的親子衝突。

也會有家長困擾地問我：「如果孩子的手機早就收不回來了，這樣怎麼辦？」如果手機已經收不回來，孩子晚上回家想玩就玩，父母也已經完全管不動的時候，我覺得**底線是孩子仍然保有正常的睡眠時間**。例如：睡覺時間手機由爸媽保管，或是設定晚上十二點到早上六點網路斷線，至少讓孩子有正常的睡眠時間，以避免孩子因作息不正常，導致早上醒不來而沒去上學，長久下來，會更難處理。

另外，父母也需了解孩子透過網路成癮，滿足了哪些內在的心理需求，才能根本的協助孩子，改善網路成癮。讓我們看下一篇文章。

註1：資料取自衛生福利部心理健康司，https://dep.mohw.gov.tw/domhaoh/cp-4910-55038-107.html。

註2：依據《強迫入學條例部分條文修正案》，孩子應入學而無故未入學，家長可處新台幣三百元以下罰款，可連續處罰到復學為止。

孩子手機不離身，是網路成癮嗎（二）？

幫助孩子在現實生活中，獲得成就感及歸屬感

父母可以做的第二個部分，是幫助孩子在現實生活中，得到自我價值（成就感）及人際關係（歸屬感）。唯有如此，才能根本地解決孩子網路成癮的問題。

好幾位父母曾十分困擾地對我說：「前幾天，我想關掉他的網路，結果孩子竟以死相逼，還用頭去撞牆。聲音太大聲了，鄰居上來抗議，說再吵就要報警。我也被孩子的情緒給嚇到了，所以就不敢再關他網路了。」

如果孩子會因為網路問題而跟爸媽以死相逼，代表親子關係可能已經出問題了，或是生活中孩子遇到一些挫折，只好靠網路來滿足自我價值（成就感）及人際關係（歸屬感）。

網路的使用，只是個引爆點。

而**青春期孩子重要的發展任務是達成自我認同**，怎麼樣幫助孩子達成自我認同呢？如下圖所示，自我認同＝自我價值（成就感）＋人際關係（歸屬感）。

你可以評估這兩個方面：你的孩子的自我價值高嗎？人際關係好嗎？

一、孩子的自我價值：

1孩子的課業成績好嗎？若孩子成績好，通常自我價值也會比較高。

2**若孩子課業成績普通，那麼孩子有喜歡或擅長的科目嗎？**例如：喜歡畫畫、很會打球等。

談到這裡，很多家長會擔心地說：「怎麼辦？我的孩子各方面表現都普普耶！」

3你有看見孩子每個小小的好嗎？

青春期發展任務—自我認同

我們容易把孩子做得好的地方，視為理所當然

這時候就很需要父母睿智的雙眼，看見孩子每個做得好的地方。例如：孩子生活自理能力很好、會主動幫忙家務、做事情很細心、會幫忙照顧弟弟妹妹等。

其實，我們很容易把孩子做得好的地方視為理所當然，例如：認為念書是學生的本分、哥哥姊姊本來就應該照顧弟弟妹妹；但試想，若你總是把孩子的努力視為理所當然，那麼我們看到的，就都會是孩子的缺點。

若孩子覺得他不管做什麼都會被嫌不夠好，做A被嫌、做B也被嫌；那麼，孩子最後可能就會擺爛，兩手一攤，乾脆什麼事情都不要做好了。像是當孩子考五十分被罵，考六十分也被罵，那麼最後孩子就不想要努力了。

如果孩子第一次考五十分，第二次考六十分，縱使成績還是不理想，但你能看見孩子的進步嗎？

二孩子的人際關係：

孩子的人際關係可以從三個方面來看：**親子關係**、**同儕關係**、**師生關係**。

你可以觀察，孩子在現實生活中，是否至少有一個好的關係。**若至少有一個好的關係，**

孩子會覺得有人懂自己，也比較不用擔心網路成癮的問題。

網路遊戲直接滿足孩子的自我價值和人際關係

我們同樣可以用這張圖來看，為什麼孩子會網路成癮？因為網路遊戲直接滿足孩子的自我價值和人際關係。

一 自我價值的大大滿足

網路遊戲本來就是設計得要讓大家愛不釋手、停不下來，而且遊戲是採用變動比率式增強（註），透過每個階段性任務或一些限時活動，激勵使用者不斷地練功、打怪、升等，以得到特殊寶物、追求伺服器的排名冠軍等。

二 人際關係的大大滿足

孩子在遊戲中，有一群志同道合、共同破關斬將的戰友。這樣的革命情感，和在學校一起念書的同學就是不一樣啊！

因此，如果今天孩子對課業沒有興趣，沒什麼突出的表現，沒什麼可以讓大人讚美的地方；又因為事情做不好而常常被糾正，因此和父母師長的關係不好，在班上又是邊緣人，孩子就會用各種方式來滿足自我價值和人際關係的這兩項需求。孩子可能以加入幫派、出現偏差行為的方式來滿足這兩項需求，也可能在網路中獲得。若從這個角度來想，網路其實是相對單純又較安全的選項了。

那麼，今天這個在生活中一無是處、最終產生網路成癮的孩子，他在網路中叱吒風雲，而當你某天痛定思痛，覺得孩子的未來會完蛋，不可以再這樣下去，於是，你啪一聲，關掉網路，你覺得孩子的反應會是什麼。

沒錯，他可能直接跟你翻臉，或說出一些像是「我恨你」等傷人的話，讓你非常傷心，覺得「我的孩子怎麼會變成這樣」？

試想，這個在生活中一無是處、最終產生網路成癮的孩子，但對他來說，網路卻是他找回自我認同的唯一一根浮木。

若你抽走了這根浮木，孩子自然想跟你反抗到底。**孩子的激烈反彈，不是針對你；是關掉網路後，那些無法被滿足的需求，使得孩子猶如溺水的人撈不到浮木時的奮力掙扎**。

因此最關鍵的是，在生活中幫助孩子重新找到自我價值及修復人際關係，這才能真正對症下藥。

這不可能一天、兩天就變好，要有長期抗戰的心理準備。想慢慢修復親子關係，就從**努力看見孩子每一個小小的好開始**。

最後，我們來複習，處理網路成癮的兩大面向：

1 孩子上網時間的管控。

2 幫助孩子在現實生活中，得到自我價值（成就感）及人際關係（歸屬感）。

這兩個面向缺一不可，唯有雙管齊下，才能根本解決孩子網路成癮的問題。

註：

1 固定時距式增強：固定時間下，對行為進行增強。例如：段考。

2 變動時距式增強：不固定的時間下，對行為進行增強。例如：不定時小考。

3 固定比率式增強：固定比率下，對行為進行增強。例如：按件計酬。

4 變動比率式增強：不固定比率下，對行為進行增強。例如：賭博、樂透、電玩遊戲。其中，變動比率式增強是反應最強的，行為習得效果也是最為持久，會讓使用者不自覺期待下一次酬賞的到來，因此不自覺地持續賭博、買樂透、打電動等行為。

Part 4

當青春期孩子有情緒困擾

當孩子被老師指責……

先處理情緒，再處理事情

最近，導師忙著處理八年級的P英文考試作弊，以及P疑似帶頭排擠同學A的事件。

幾天後，P的媽媽怒氣沖沖地跑來學校，指責導師針對她的孩子，處理事情不公平、偏袒其他同學。媽媽一邊講，講到激動處不禁哽咽。

「我是家庭主婦，孩子有什麼狀況，我都是即時處理，每天也都會關心孩子上學的狀況，這樣帶孩子到現在。他國小很乖，老師也很喜歡他；其實，我不覺得我的孩子變了，但上國中後，這個導師一直說他成績退步、上課不夠認真，導致他變得沒有自信，而且他說：『老師比較相信成績好的同學說的話，都不相信他說的。』他進到這個班以後，開始變得悶悶不樂、不愛說話、回家就把自己關在房間……」

當人被批評時，會出現防衛的姿態，我看到在我身旁的導師身體開始變得僵硬。導師快速翻找著桌上的文件夾，以及手機的對話紀錄，試圖證明P真的有犯錯。

「媽媽你看，這是他的行為自述表。他承認他在網路上跟別的同學說A的壞話，還叫那位同學不要理A。還有這個，他已經不只一次英文考試作弊了，你看他行為自述表都有承認，但我沒有真的記他過，我一直給他機會。還有……」

導師試圖證明P真的有錯的這個行為，卻讓媽媽覺得導師就是在針對P，覺得他就是壞孩子。但從導師的角度而言，其實導師只是單純想證明他沒有針對孩子，是就事論事的在處理P的事。

媽媽和導師一言不合，吵了起來，於是學務主任進來和媽媽說話，而我把導師拉到一旁。

孩子的外在表現，是媽媽的成績單

在我眼前的，不是一位強詞奪理、批判老師的恐龍家長，而是一位受傷的媽媽。

當發生衝突時，我們要處理的不是事件，而是情緒。**媽媽憤怒地控訴導師的背後，其實**

是擔心、困惑及自責：「我的孩子真的變壞了嗎？可是我是家庭主婦，我看著我的孩子長大，我很用心地照顧孩子，孩子怎麼可能變成這樣？」

而且，P的媽媽身為家管，生活重心完全放在孩子身上，擔負著孩子管教的重責大任。當孩子行為不當時，媽媽心裡的擔心是：「我是不是一個不夠好的媽媽？」對很多家庭主婦而言，孩子的表現是自己身為媽媽的責任，也代表著他人對自己的評價。孩子的外在表現，似乎就是媽媽的成績單。

我對導師說：「我覺得現在重要的不是拿出證據，證明『我真的沒有偏袒誰』、『孩子真的有犯錯』，而是**先安撫媽媽受傷的心**。例如先肯定媽媽對孩子的用心，今天還親自來學校了解孩子的狀況，願意和您當面溝通。而且，今天親師最大的共識就是『討論怎麼做對孩子最好』，所以其實雙方的目的是一樣的。」

當媽媽的用心和付出能被導師看見、被肯定，導師告訴媽媽P做的不對的事情，若也能同時肯定P有做的好的部分，如此一來，媽媽就不再需要用力地告訴導師：「我是個用心的媽媽，我的孩子絕對不是你說的那樣。」當媽媽對導師不需要防衛，自然就能好好討論孩子的問題，也能討論親師可以怎麼共同合作，幫助孩子了。

父母能覺察到孩子死不認錯背後的擔心嗎？

受了傷的人為了保護自己的面子和自尊心，無法坦承脆弱，也無法承認自己的錯誤，而轉為嘴硬、攻擊他人。這樣的行為，是為了保護自己不再受傷。因為若承認了錯誤，那怎麼下得了台呢？

因此，**吵架時第一件要做的事，不是分辨是非、爭辯誰對誰錯，而是先去安撫對方受傷的心**。當建立關係後，才有好好溝通的機會。

例如，太太對先生經常出差有不安全感，總是疑神疑鬼，想要查閱先生的手機紀錄，這行為的背後其實是擔心：「你到底是不是真的愛我？」但先生若覺得太太很囉嗦而回答：「你幹麼一直問這個？我就已經跟你說『我愛你』了。你很煩耶！」

那麼，太太可能會認為先生這樣厭煩的態度是代表「不愛她」。太太心裡很擔心，但表現出來的卻是發怒。於是，先生感到莫名其妙，更加覺得太太很不可理喻。因此，夫妻一言不合，反而吵得更兇了。

若先生一開始就能讀懂太太的擔心，看見太太對自己的在乎，而安撫太太：「我只是出差，每天都打電話跟你報平安，好嗎？」這樣一來，太太就不再需要追問個不停。

親子關係也是如此。例如，當孩子面對父母責備卻死不認錯，孩子心裡的擔心可能是：

「如果我是個不夠好的小孩、如果我真的犯了錯，你還會愛我嗎？在你的心中，我還是個好孩子嗎？」如果父母能覺察到孩子死不認錯背後的擔心，不再把「你為什麼不能和你哥一樣聽話一點？」「你再不聽話，我就把你送去精神病院！」這些話掛在嘴邊，讓孩子知道父母是「對事不對人，無論如何都還是愛他」。

當孩子對於大人的處理能感到安心一些，感受到父母對他的愛不會不見；若孩子再度犯錯，孩子可能也比較有承認錯誤的勇氣。

因此，很多時候我們要回答的，不是對方的問句；而是**在問句底下，說不出口的擔心和期盼**。

若我們能讀懂對方話中的話、接住對方話語底下隱含的情緒，很多溝通上的困難，或許就能因此迎刃而解了。

別再對孩子說：「不要難過、不要生氣！」

庭祐是個自我要求高的孩子，因為做事情負責任被同學選為班長，但在上週，他卻因為作弊而被導師轉介來輔導室。

上週是九年級下學期第一次段考。考前幾天，他不小心貪玩手機，英文沒有念完，他把沒背熟的英文單字和文法抄在橡皮擦上。但因為太過緊張，打翻了鉛筆盒，被監考老師發現了。監考老師收回庭祐的考卷，大聲地對全班說：「你作弊，英文零分！」庭祐覺得非常丟臉。

下課後，他被導師責備，寫完行為自述表到生教組長那邊時，生教組長又唸了他一頓。

回到家，爸爸對他說了重話：「品行最重要。品行不佳，做什麼事情都不會成功！」

庭祐覺得很難過、愧疚、自責，也對監考老師「不給自己面子」的做法感到非常憤怒。但**這個憤怒卻沒有辦法告訴任何人**，因為監考老師處理的方法也沒有錯，是自己罪有應得，不是嗎？

庭祐這兩天都沒辦法睡好。平常上學、念書很忙碌，可以讓他暫時不要想這件事情；但到夜深人靜時，他還是不由自主地陷入自責而失眠，也因為睡不好，怕影響到兩個月後的「國中教育會考」而更加焦慮。

而且到了夜晚，庭祐會不由自主地想到更多以前自己做不好的事情，陷入負向思考的循環……

我問庭祐：「你還有誰可以說呢？」

他說：「我通常都不會跟別人說，家人、朋友都不會。因為我說了，他們也不會懂，會跟我說：『你不要想那麼多。』『你就好好念書，不要再想東想西就好了。』『看開一點。』」

這些話，讓庭祐不僅覺得自己沒有被理解，反而感到更有壓力。

庭祐說：「我覺得好難過、好憤怒，也好後悔，可是我不想一直這麼難過，這真的很難受。我可以怎麼做，讓自己趕快好起來？」

大人常常告訴我們：「不要難過、不要生氣！」

在我們的文化中，總是崇尚好的、正向的情緒。從我們小時候開始，當我們生氣、難過時，大人們總是告訴我們：「不要難過、不要生氣！」

佛洛伊德（Sigmund Freud）提出人有生的本能（life instincts）及死的本能（death instincts）。其中，生的本能讓我們會「趨樂避苦」，我們會尋求讓我們快樂、舒服的事物，例如吃美食、旅行、購物、抽菸、喝酒等；而負向的情緒例如：難過、生氣、懊悔等，讓我們感到很不舒服，而想要逃避負向情緒。

情緒是有功能的：關乎存活、幫我們讀懂內心的渴望

為什麼我們會有情緒呢？其實，情緒是演化而來的。在遠古時代，我們的祖先因為對野獸感到「害怕」，而會努力避開危險，想辦法得以生存下來。可以想像一下，若我們的祖先對於野獸不會感到害怕，是個超級樂天派，看到野獸不僅不會感到害怕，還想要和野獸做朋友，那我們可能就沒辦法活到今天了！

因此，我們開始可以理解，情緒是有功能的！而且非常重要，可能關乎我們的存活。

當我們還是嬰兒的時候，其實就已經能敏銳覺察大人（尤其是主要照顧者）的情緒。剛滿月的寶寶對於母親開心或平板的聲調已經能表現出不同的反應，例如：當父母有壓力、焦躁不安的時候，孩子的情緒也會比較容易躁動。而兩三個月大的寶寶已經會產生「社會性微笑」，因為看到父母的臉、聽到父母的聲音而露出微笑。

當我們感到憤怒，可能是在告訴我們權益被剝奪，或是心有不甘；當我們感到愧疚，可能是對他人感到抱歉，或覺得自己做錯了什麼。當我們感到嫉妒，可能是太想得到他人擁有的一切，也有可能是覺得自己不夠好、感到自卑而隱隱作痛。

你可以想一想，這個情緒是要告訴自己什麼，**試著和你的情緒對話**。

當孩子非常生氣或難過而無法自拔時，父母可以怎麼幫助孩子？

1 情緒沒有好壞，好好地感受情緒

唯有好好地走過情緒、感受情緒、宣洩情緒，理性才有可能出來。因此，不要急著告訴孩子：「不要難過、不要生氣、不要想太多。」就讓孩子好好地難過、好好地哭、好好地憤怒。

當然，你也可以陪著孩子做任何會感到舒服一點的事，幫助孩子度過不舒服的時刻，例如聽音樂、散步、找人聊聊等等。

2 情緒是有功能的：引導孩子思考，是什麼讓自己有這麼強烈的情緒，這個情緒想告訴我什麼。

在晤談中，庭祐告訴我：「我很氣那個監考老師。他為什麼要那麼大聲說我作弊，他不能說小聲一點嗎？我真的覺得很丟臉……導師對我很失望的樣子，他說沒想到我會作弊，我覺得很後悔。還有我爸，說什麼我品行不佳，好像我做了這件事，我就是個十惡不赦的人，我過去所有好的表現都是假的！」

從晤談中，我們一起釐清庭祐的內在對話及感受。

在我們的文化中，如果你有錯在先，面對別人的不當對待，好像你就沒權利提出抗議或說些什麼，因為一旦多說，就像是在替自己辯解似的。**庭祐對老師的憤怒及難堪的感覺，很容易被我們忽略，但卻是真實地存在**，那種如鯁在喉，有苦難言的感受。

若父母能陪伴孩子釐清情緒底下的內在對話及覺察更深層的情緒，孩子將更能理解自己到底怎麼了，看見情緒背後的意義，不再被情緒所困。

書寫自己的「內在對話」，以「我覺得……」為開頭

如果是成人或大一點的孩子，你可以試著書寫自己的「內在對話」。

在演講中，我常會帶領一個活動：請成員「自由書寫」七分鐘，以「我覺得……」為開頭。七分鐘不能停筆，不管想到什麼都要寫下來。如果真的想不到要寫什麼，就把心裡的OS、腦中浮現的任何想法寫出來，例如：「時間怎麼還沒結束。」「我現在肚子好餓，晚上想吃pizza。」

找個安靜的地方，和自己的內在對話。當你能靜下來，好好傾聽自己內在的聲音，療癒就開始了。

你也可以找人聊聊。有些人找不到合適的人，因為怕造成他人負擔，或是有時我們和家人的關係十分緊密，卻也糾結；若找不到合適的人，建議可以尋求心理諮商。在學校，有專業的輔導教師能提供孩子個別諮商。

有時候，我們會以為過去的事情已經沒事了，已經放下了，但當又有事情發生時，總會想起過去那段不堪回首的往事；而在原生家庭中，我們和父母的互動，**父母認為你是個怎樣的孩子，也深深影響你怎麼看自己。**

值得注意的是，若只是發生一點小事，或孩子的某個不當行為，總是引發你非常強烈的情緒，可能是因為過去的創傷經驗（如：從小被父母忽略、生長在重男輕女的家庭、被霸凌、被劈腿等）所導致。若這樣的狀況持續出現，可能需要找人聊聊，或尋求心理諮商的協助。

在尋求諮商的過程中，當心中過往的結能被好好地傾聽、好好地梳理，宣洩強烈的情緒（例如：在重男輕女家庭中長大，感受不到被愛、覺得自己活著是多餘的你，能好好陪伴那個覺得不被愛的內在小孩），我們將能**用新的觀點，重新看待過去的創傷**。或許某一天，我們能有不同的生命風景。

自我要求高的孩子不斷自責？

做得好，從來不是「應該」

最近小茵在班上常常無緣無故就掉下眼淚。班上同學覺得她不太對勁，就帶著她來找我。但小茵一點也不想來，她覺得輔導室是「問題學生」才來的地方。

在諮商室中，小茵常常說著說著就掉淚，甚至大哭。她也不知道自己為什麼會這麼難過。

小茵是個有完美主義特質的孩子。國小的她，會在月考前寫下自我激勵的話，例如「我要考第一名！」「相信自己做得到。」因此，她的成績一直維持在全班前三名。升國中時，小茵順利考上明星學校的語文資優班，但班排卻從前三名變成了十幾名。

小茵知道語文資優班的同學本來就很強，但她還是很難接受自己的成績掉下來了。

當鄰居、朋友問小茵的爸媽：「小茵是怎麼讀書的？你們怎麼把她教得這麼好？」媽媽總是很得意地說：「我也不知道。我都沒叫她去念書，她都很自動自發，不用我擔心，也沒有補習就能考前三名。現在在念ＸＸ國中的語文資優班！」

媽媽因為小茵感到驕傲的時候，小茵卻常常覺得失落。

若月考沒有考到全班前十名，或小考考不到八十分，小茵總覺得很丟臉，非常自責。小茵會不斷檢討自己哪裡出錯，或是哪裡又粗心大意了，因為自己沒考好而整天心情低落。

生活中的很多事情，也是。小茵常常為自己做的事情感到後悔，每天花了很多時間在責備自己。

小茵覺得自己腦中好像有個負向的迴圈，跳進去，就迷失在負向迴圈之中出不來，整個人渾渾噩噩。例如：媽媽罵小茵沒有把家事做好，小茵會自責好一段時間，整個人魂不守舍……

在魂不守舍的情況下，小茵做事情就更容易出錯了！就像一個惡性循環，小茵都要花好幾天的時間才能平復心情。因此，**小茵不僅責備自己事情做不好，還會責備自己怎麼一直心情不好**。

我們談了好幾次，小茵提到了她內心深層的恐懼。

當做得好成為應該，做不好的事，卻不斷被自己放大、檢討

小茵的爸爸是公司的高階主管。當小茵做錯事時，爸爸總是嚴肅地告誡小茵：「電鍋還會忘記加水，連這點小事都做不好，以後還能做什麼！」

國小六年級有一次小茵考第一名，興高采烈地回家，爸爸卻說：「那是因為你念的是鄉下的學校，你國中就要去市區念書，這個分數根本不能跟別人比！

「人外有人，天外有天。你才進步一點點就自滿，這樣以後不能做大事！」

「國小四年級的時候，我做了那種可以開窗戶的母親節卡片，很開心要送給媽媽。我做得有點失敗，窗戶不小心破掉了，我只好用雙面膠來補救。但我還是很興奮，因為是我自己上網查、自己做，最後好不容易成功的。

「結果我回家，卡片拿在手上，還沒有說話，我媽剛好在看電視，她抬頭看了一眼說：『那是什麼？好醜喔！』我媽後來發現那是母親節卡片之後，她有來跟我道歉，還有抱我。但已經來不及了，我永遠記得她說的第一句話……」小茵看著我，淚水滑落臉頰。

上個月，爸媽離婚了，這件事對小茵來說是很大的打擊，小茵非常自責，她覺得是因為

自己沒有把弟弟妹妹照顧好，爸媽才會離婚。

她說：「我媽問我要跟誰的時候，我一直哭著說不要離婚。他們一直問，我只好說我要跟弟弟妹妹一起，我想，這樣他們或許就不會離婚了。後來我爸可能覺得我很『番』，就打了我一巴掌。我爸說我沒辦法決定的話，就他們決定，因為阿嬤說要弟弟這個長孫，爸爸說那我就跟媽媽好了！」

「那麼，你這幾天跟著媽媽還好嗎？」

「我這幾天是跟我媽一起住。我媽說我假日都可以回去找爸爸，叫我不要難過，只是分開住而已。但對我來說，這個家已經破碎了。他們結婚時約定要在一起一輩子算什麼？我們三個又算什麼？如果他們現在會分開，那為什麼之前要結婚？」

小茵很執著於自己的想法，而且媽媽發現不管怎麼勸小茵都沒有用，覺得她實在無法溝通。媽媽覺得小茵很多事情都是這樣，很堅持己見。別人怎麼說，她都聽不進去。

而且，小茵不懂，為何班上爸媽離婚的同學好像都沒事一樣。

「班上也有好幾個同學的爸媽離婚，他們都覺得沒差，所以我也不知道可以跟誰說。還有人說有點忘記爸媽怎麼離婚的。我不懂，這麼嚴重的事情怎麼可能忘記……」

可能因為小茵原本就有很大的課業壓力，再加上父母離婚對小茵的衝擊，小茵那陣子情緒更加低落，更容易陷入負向思考。

第二次諮商，我給了小茵一個回家作業。我請小茵每天寫一件覺得自己做得好的事情，不限於要被人肯定或得到好成績，例如：和小狗玩得很開心、幫媽媽做家事等，只要覺得自己做得好的事情都算。

但下次晤談時，小茵卻跟我說：「老師，對不起，我沒有寫……因為我找不到我做得好的事情，那些事情都是我原本就『應該』要做到的！」

在那一刻，我突然很心疼眼前的小茵。我彷彿更能理解小茵為什麼過得那麼辛苦了。因為所有事情都是應該要做好的，所以沒有任何一件事情值得被肯定。

當做得好成為應該，做不好的事情卻不斷被自己放大檢視，難怪小茵會憂鬱啊！

大部分情緒困擾的源頭是責備

心理學家阿爾伯特・艾利斯（Albert Ellis）提出理情行為治療（Rational Emotive Behavior Therapy, REBT），他認為大部分情緒困擾的源頭是責備。因此，重要的是停止責備，以及接納不完美的自己。

阿爾伯特・艾利斯提出A—B—C理論（如左頁的圖），指出一個人對於某個事件（A）的信念（B），造成了情緒反應（C）。

舉例來說，如果一個人在分手後感到低落，不是因為分手本身（A）造成低落的情緒（C），而是個人對這件事情的認知導致心情不好，例如「我是個魯蛇，才會被拒絕」、「她提分手，都是我的錯」、「我是個沒用的人」的信念（B）而導致低落的情緒。理情行為治療的重點是教導我們如何去改變那些造成情緒困擾的「非理性信念」（irrational

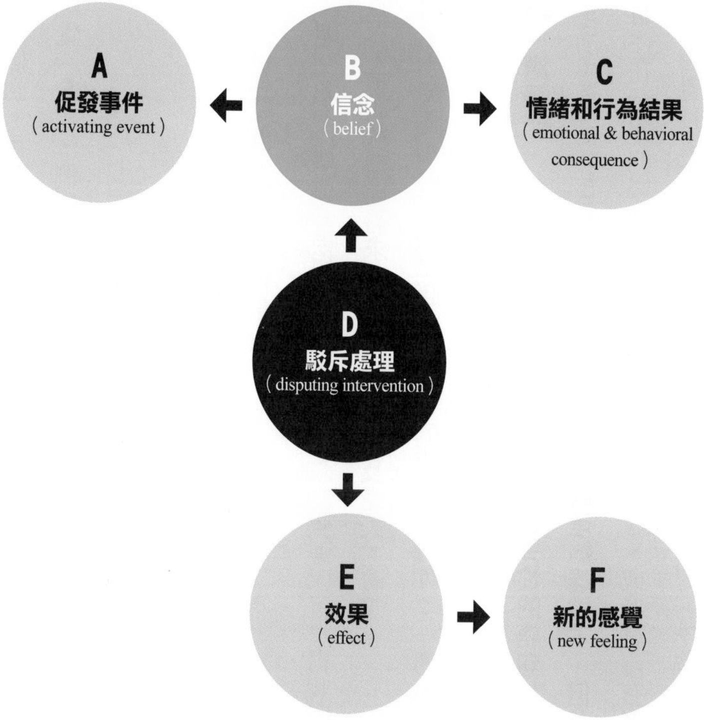

beliefs）。

當我們去駁斥（D）那些非理性信念，可能產生新的信念（E），以健康的想法取代不健康的想法，最後促成了新的感覺（F），例如：不再是嚴重的焦慮或憂鬱，而是較為健康的難過或失落的心情（註）。

找出你「應該」、「必須」、「自我貶低」等非理性信念

那麼，什麼是「非理性信念」呢？非理性信念是指個人「應該」、「必須」、「自我貶低」等信念，例如不切實際地誇大、不切實際地需求、貶低自我價值及完美主義等。

在接下來的晤談中，我們找出了小茵認為自己「應該」要做好的事情，例如：「考試本來就應該要考好」、「爸媽離婚就是家庭不圓滿」、「我必須把每件事情都做好」等。

我們討論怎麼去駁斥這些充滿「應該」、「必須」的信念，改成比較有彈性的語句，這個歷程稱為「認知重建」（cognitive restructuring）。例如：「我很難過爸媽離婚了，但爸媽都還是很愛我，只是爸媽沒有住在一起而已」、「有些事情我沒有做好，或考試沒有考好，但世界不會因為這樣而毀滅，我還有機會改善！」

而這些「非理性信念」是怎麼來的呢？很多時候，是孩提時期的我們從重要他人那裡學

來的，而我們一不小心就「內化」了這些批評，成為負向的內在語言。例如：爸爸說小茵「電鍋還會忘記加水，連這點小事都做不好，以後還能做什麼」、「這個分數根本不能跟別人比」，以及不斷告訴小茵「你不能自滿，不然以後不能做大事」。

這些強烈的話語，伴隨著我們長大。我們總是以為，童年的傷會隨著年歲增長而慢慢淡忘。我們已經長大了，更強壯了，已經有力氣去面對那些大人給我們的批評和指責。

但，當我們長大後，不小心電鍋又忘記加水、面試沒上、考試沒通過、報告被主管退回時、被同事討厭時，那些話又跑出來了。**不同的是，這一次，不再是父母的耳提面命及告誡，而是我們心裡的聲音**：「你怎麼這麼沒用！」「你什麼事都做不好！」「你真的很憨慢（台語）……」我們才赫然發現，那些父母曾經說過的話語，早已深深地烙印在我們的心裡。

當夜深人靜時，啃噬著我們的心，讓我們無法肯定自己、喜歡自己。

當你覺得自己不夠好、被許多「應該、必須」綑綁，請你一起做這份練習

1 當你心情不好時，可以參考上頁的例子，填寫一五八頁的表格，寫出A促發事件、B信念、C情緒和行為結果。

你有發現是怎樣的信念影響你了嗎？

2 練習「認知重建」，駁斥充滿「應該」、「必須」的非理性信念

想一想，你有哪些「應該」、「必須」的信念呢？這些信念可以怎麼調整呢？請把它寫下來。

例：我**應該**要把所有事情都做好→我**盡力**把所有事情都做好。

例：辦公室**所有**同事都討厭我→辦公室**有些**同事討厭我。

______→______。

______→______。

______→______。

當你告訴自己這個「新的信念」時，你有什麼新的感受嗎？

______。

A促發事件	← B信念 →	C情緒和行為結果

3 想一想，這些信念是從哪裡來的呢？

你可以溫柔地告訴自己，我已經長大了！現在的我，不需要這些話語來鞭策自己、否定自己，我可以開始相信自己、看見自己的好。

4 練習「自我肯定」，看見自己每一個小小的好

請你寫下五件你覺得做得好的事情，不限於要被人肯定或得到好的成就，只要是覺得自己做得好的事情都可以。例如：今天早起幫全家做早餐、很享受今天在澆花的時候、睡前有跟老公說「我愛你」等。

當我們療癒了自己的「內在小孩」，更能自我肯定、愛自己時，我們將更能好好陪伴我們的孩子。

註：引自：修慧蘭、鄭玄藏、余振民、王淳弘、楊旻鑫、彭瑞祥（譯）（二〇一〇）。《諮商與心理治療：理論與實務（第八版）》（原作者：G. Corey）。台北：雙葉書廊。（原著出版年：二〇〇九）。

你習慣用外在表現評斷孩子是否努力嗎？

孩子可能會覺得自己「不值得被愛」

那是發生在幼稚園中班的事情了。那天的午餐是韭菜鴨肉冬粉，小時候的我不敢吃韭菜，但是老師卻要求大家要把飯吃光光。老師說：「沒有吃完的小朋友，到教室外面吃完再進來。」

我站在教室外面，心臟噗通噗通跳得很快。那一天，還飄著毛毛雨。我左顧右盼，看到教室外面的花圃，靈機一動，鎮定地把韭菜偷偷地倒進花圃，再若無其事地走進教室。事後，也沒有被老師發現。

事情看似就這樣過去了，但其實一直藏在我心中。

其實，這件事情讓我感到恐懼及羞愧。恐懼如果下一次午餐有不敢吃的東西該怎麼辦，而且老師好兇。我本來就不太敢跟老師說話，我也不敢把這件事情告訴爸媽，怕會被罵；羞愧是覺得挑食被發現，還被趕出教室非常丟臉。

好強又愛面子的我，一直到高中才跟我媽提及此事，講的時候刻意輕描淡寫，卻仍不小心哽咽，喉嚨像是卡了一塊大石頭。

媽媽當下聽到沒有說什麼。過了好幾年後，在閒聊中，我開玩笑地提到此事，媽媽卻顯得有點自責：「其實那時候挑幼稚園挑了很久耶，怎麼知道會發生這種事。」

從小，我就被認為是個好孩子，而當好孩子可以得到很多好處，例如老師的關愛、比賽得獎上台領獎、接受同學羨慕的眼神、擔任班級幹部擁有發號施令的權力；不過，最可怕的是，**當你承諾自己要當一個好孩子，你就失去了犯錯的權利**。

考試時，我總是努力地寫，努力地想考一百分。我常常為了不該錯的題目，或是幾分之差而心情不好。

高中，我考上了雄中音樂班。剛考上時很開心，覺得夢想成真了，但後來才發現狀況和我想得天差地遠：每次術科考試我幾乎都吊車尾。

但我沒有勇氣承認自己的失敗，也不想轉學，因為我很怕一旦轉學，我失去「雄中」這兩個字，我就什麼都不是了。術科課下課後，我常躲在琴房偷偷哭泣。每個寂靜的夜晚，我也時常哭著睡著。

我辛苦地撐了三年，直到畢業。但這三年的術科考試：主修、副修、視唱、聽寫、樂理的大考小考，讓我的自我認同徹底粉碎。

崩塌的自我認同

不管大考、小考，考試總有標準答案。如果這題真的不會寫，還能從A、B、C、D四個答案中隨便猜一個。

但人生中，卻沒有這麼簡單，答案從不是非黑即白。人生不是選擇題，往往是申論題。例如：長大後的我們，要根據自己的興趣、專長、薪資待遇、公司位置、升遷可能性等找尋一份適合的工作。

如果一個孩子從來沒有犯錯的機會，總是追尋著標準答案，長大後，當生活中有了太多的選擇，不知道要選哪個才對，可能會突然感到害怕、惶恐，或無所適從。

若我們唯有擁有好的成就、被肯定，才能夠達成自我認同；那麼，這個自我認同其實是非常不穩固的。當某一天孩子失敗了，自我認同可能就徹底垮掉了。

就像我讀雄中音樂班的那三年，因為術科成績不理想，有好長一段時間，我都面對自己內在強烈的自我懷疑及自我批判。擔心自己是不是個不夠好的人，人際關係也變得十分退縮。

社會上有很多人看似光鮮亮麗、功成名就，這些人努力工作、把握升遷機會、賺更多的錢、買房子、車子，用外在表現來證明自己是夠好的。但就算擁有再多的金錢或頭銜，內在卻仍然感到空虛、害怕失去。

因為好像要擁有這些外在事物，才能代表自己是個夠好、是值得被愛的人，這其實是件好辛苦的一件事。當自我認同不穩定時，仍然會活得戰戰兢兢。害怕哪一天會失去所擁有的一切，害怕一旦沒有了這些外在事物，自己將變得一無是處。

我認為，一個自我認同穩定發展的人，是能做到「勝不驕、敗不餒」。就算失敗了，自我價值也不會輕易被動搖。

為什麼我們這麼難自我肯定？

在我們的生活中，有太多可以「被比較」的事情，例如：考試考得好不好、比賽第幾名、考上哪個學校、人緣好不好、IG有多少人按讚。我們在華人文化中長大，從小父母師長就告訴我們：「人外有人，天外有天」、「滿招損，謙受益」、「稻穗愈豐實，頭便垂得愈低」。父母師長總要我們和他人多學習，得獎時，提醒我們不能驕傲。

當接收到他人讚美時，我們總是說：「我只是運氣好啦！」「還好啦！也沒有你說的那麼厲害。」當我們崇尚謙虛是一種美德；告訴自己「做不好是不應該，做得好是理所當然」時，我們就很難學會自我肯定。**我們也經常放大別人的優點，卻放大自己的缺點**，看不見自己的優點。

高中考大學時，我心中的第一志願是台師大心輔系，但最後考上彰師大輔導與諮商學系。我身旁雄中大部分的同學們都考上台清交成政等名校，而音樂班同學的第一志願是台師大及北藝。面對同學紛紛考上好學校，考上彰師大的我只覺得挫敗、丟臉。愛面子的我，幾乎沒有再和高中朋友聯繫。

還好，就讀彰師大讓我的人生變得不同，讓我有機會成為現在的自己。很感謝我在彰師大遇到很好的老師。我在心理學與輔導諮商這浩瀚的天空中翱翔著，對於原生家庭、高中求學的挫敗經驗，也有了更深刻的自我覺察和體會。

儘管如此，沒有考上台師大心輔系仍然是我心中最深的缺憾。大三、大四時，我拚了命地努力念書，想考上台師大心輔所，很幸運地，我真的考上了。

我到底要證明給誰看呢？

剛考上的前三天，我非常開心，覺得夢想成真了，我的生活充滿了希望與光芒。但考完三天後，我開始覺得空虛。因為我發現，不管我有沒有考上，我的生活都沒有任何改變。我的朋友還是我的朋友，朋友不會因為我今天有或沒有考上台師大，友誼就產生改變；而已經失去聯絡的高中朋友，也沒有因為我終於考上台師大而變成朋友。我到底要證明給誰看呢？我只覺得心好空，彷彿被什麼重擊了一拳。

在那一刻，我才終於明白：「別人喜歡我，是因為我就是我，不是因為我做了什麼」。空虛之後，是排山倒海的慌亂襲來。在過去這兩年來，我這麼努力地念書，和同學組成讀書會、考前的諮商演練，都是為了要考上四年前沒有考上的那所學校。我為了達成我的夢想而活，那麼現在呢？我真的考上台師大了，然後呢？

原來，我的自我認同還是建築在我的成就上。這樣的自我認同仍然是不穩固的，我因為考上台師大心輔所而肯定自己；那麼，如果今天沒有考上，我是不是又像跌落山谷，要失落好久呢？

大四的時候，我聽了一場系上關於自我肯定的演講，我在台下哭到不能自己。演講內容是什麼我已經忘了，但我始終記得講師說的一句話：「無論發生任何事，都無損於你生命本質的美好。」從那之後，這句話就變成了我的座右銘。我帶著這句話提醒自己：「宜芳，不需要用任何方式來證明，**因為你的存在，本來就是有價值的。**」

在很多場自我肯定的演講中，我帶著這句話，還有過去種種挫敗的經驗，送給我的聽眾。感謝生命中這段重重摔了一跤的經驗，溫柔地提醒我，要多愛自己一點。

直到現在，生活中仍然會有大大小小的挫折，例如在粉絲專頁嘔心瀝血的po文，按讚數或分享數卻不如預期時，我仍會感到低落、自我懷疑，但現在不一樣的是：我可以單純地心情低落就好，不再會影響到我的自我價值。

幫助孩子達成自我認同，父母可以怎麼做？

心理學家艾瑞克森（Erikson）提出「心理社會發展論」。他將人的一生中分為八個階段，每個階段都有一個主要的發展任務。當發展任務沒有順利完成，就可能產生「心理社會危機」，影響下一階段任務的發展。

艾瑞克森認為青少年的發展任務是「自我認同」，意即了解自己是誰，喜歡自己，知道自己未來的方向。若無法達成自我認同，可能會讓孩子感到角色混淆，無法肯定自己，不知未來何去何從。

當孩子不認真念書或犯錯時，有些父母會責備孩子：「我怎麼會生了像你這樣的孩子，這點小事都做不好！」「你書讀成這樣，真不像我們家的小孩！」父母這樣說，可能是氣孩子怎麼這麼不長進、氣自己沒有教好孩子、擔心孩子的未來，也可能只是想用激將法激勵孩子。

但如果大人總是用成績、外在表現來評斷孩子，對於不管怎麼努力，成績就是不夠優秀的孩子，其實是一件危險的事。

我在〈孩子說謊、作弊……——孩子的問題行為，其實是「生存策略」〉一文中提到馬斯洛的需求層次理論。其實，不同的需求也會彼此牽動、互相影響，例如：若孩子感受到自己唯有當個好孩子、把事情都做好，才值得被愛時，就是把「愛與隸屬需求」和「自尊需求」綁在一起了。這樣狀況就會變得更複雜，因為當他做不好時，可能感到自責、覺得自己很糟（自尊需求），甚至擔心爸媽不愛自己了（愛與隸屬需求）。

當孩子失敗了、做得不夠好、成績不理想，孩子開始擔心，我是不是值得被愛？一個以為自己不被愛的孩子，長大以後，也很難愛自己。一個不愛自己、無法自我肯定的孩子，在人際關係、學習、工作等各方面，都會更容易遇到困難。

因此，**父母可以練習把孩子的成敗和自我價值分開：孩子只是這件事情做不好。他本身仍是一個值得被愛、有價值的人。**

另外，看見孩子除了這件事情做不好，他還有很多事情是做得好的。讓孩子知道，我知道你有缺點，但你的努力、你的優點，我也都有看見！

孩子為什麼會有憂鬱症（一）？

我都有關心孩子，但他卻不肯跟我說

當孩子說他有壓力、心情不好時，你的第一個反應是什麼？

有一次，我搭計程車。那一位司機知道我是心理師時，感慨地詢問：「現在的小孩是不是都草莓族？父母都只生一兩個，對孩子呵護備至，物質生活也比以前豐富許多。哪像我們以前能吃飽就不錯了，根本不敢再和父母要什麼東西。孩子這麼幸福，為什麼還有那麼多人有憂鬱症、要自殺？」

也有個爸爸對我說：「現在的小孩就是太好命了。我們都對他太好，寵壞了他。從小沒遇過什麼壓力，才會現在一遇到挫折就想自殺。」

在學校，當孩子有憂鬱傾向時，我會請孩子做簡式健康量表（註1），以及董氏基金會的青少年憂鬱情緒自我檢視表（註2）。若評估孩子除了憂鬱傾向還有自傷行為，或是自殺的念頭或企圖時，我會邀請父母來學校會談。

很多父母面對孩子的憂鬱，感到十分困惑和不解。他們的第一個反應通常是：「我覺得他沒有什麼壓力耶！我沒有要求他功課，只要及格就好，第幾名都沒關係。我不懂，他到底哪裡有壓力。」

還有一個媽媽很用力地告訴我：「我真的對他很好，很關心他。他說學校營養午餐很難吃，我就幫他煮，或買他喜歡吃的幫他送過去。在家裡，我也讓他打電動、追劇、滑ＩＧ、和朋友LINE來LINE去，我看他都笑得很開心。生活上，我也沒有限制他什麼啊！我看不出來，他為什麼要憂鬱、要割腕啊？」

的確，現在和過去的生活相比，物質環境富裕許多。但相較之下，過去的生活環境比較單純樸實。若好好念書、畢業，很可能就能擁有安穩的工作；現在面對瞬息萬變的資訊和社會變遷，孩子面臨低薪、高房價、變動性大、隨時可能被淘汰的社會環境，挑戰可能也比以前更多。因此，在現今複雜、壓力大的社會下，家長就先別急著擔心孩子是草莓族了吧。

以下是我們對憂鬱症常見的幾個迷思：

迷思一：罹患憂鬱症的人，是不是抗壓性不足？

我認為，**憂鬱症和抗壓性並沒有絕對的關係**。在我們的文化中，總是期待我們要積極進取、樂觀開朗，**但若是經醫師診斷罹患憂鬱症的人，代表他的情緒不完全是他所能控制的**。

憂鬱的孩子可能充滿了負向的自我對話，例如：罵自己很笨、覺得自己不夠好、自責怎麼會做這件蠢事；大人看到孩子的狀況，可能也很心急，急著想把孩子從負向迴圈中拉出來，心疼孩子讓自己這麼辛苦。但在負向迴圈中的孩子，可能很難在短時間被拉起來。

從另一個角度來看，孩子在憂鬱、割腕或想自殺的情況下，還是努力每天到學校、努力寫作業、準備各種考試，這樣怎麼能說孩子抗壓性不足呢？我反而覺得是孩子抗壓性太強，例如孩子有完美主義，明明心裡已經快要崩潰、快要撐不下去了，他卻無法放過自己，在崩潰的邊緣努力地ㄍㄧㄥ著，完成所有該完成的事。

當大人好心急，卻又無法拉孩子一把的時候，父母的責備可能會讓孩子更容易自責。因此，父母可以尋求專業人士，例如：醫師、輔導教師、心理師等的協助，就先別把「抗壓性不足」這頂帽子扣在孩子身上了吧！

迷思二：孩子笑得很開心，看起來心情很好

有好幾個孩子曾告訴我：「我每天都會戴著面具，看起來很開朗的樣子，還會聽朋友說心事，沒有人知道我心情不好。」

為什麼孩子要戴面具、假裝自己很開朗？其實這是社會化的過程，也是孩子和重要他人（如父母）互動所學習而來的。

當孩子有情緒時，**父母很習慣這樣安慰孩子：「不要生氣、不要緊張、不要難過！」**因為我們好擔心，希望孩子可以趕快好起來，不要一直心情低落。

但其實生氣、緊張、難過這些情緒，都是正常且健康的情緒。**這樣的說法，可能會讓孩子感受到「父母不喜歡我心情不好」，覺得「爸媽比較喜歡開心的我」**。於是，孩子開始學會在他人面前保持開朗。這些孩子長大後，學會了壓抑情緒，難過時，只能偷偷地哭。

我遇到很多有憂鬱症、割腕或想自殺的青少年，都有強顏歡笑，不敢和父母說心事的狀況。他們把情緒吞進肚子裡，但手臂上卻有了更深的傷口，或是累積了太多負面感受而想自殺。

迷思三：我都有關心孩子，但他就是不肯跟我說

「我有去聽那個親職講座，講師說要關心孩子，我每天都會關心他在學校過得怎麼樣，

但是我問他，他就是不講啊！」

其實孩子很敏感，他可以感受得到「你是不是真的想要關心我」，還是「我說了，就是討罵」。例如：父母問孩子考得怎麼樣，當孩子如實回答成績，父母會說：「怎麼考這種成績？」「一直玩手機，才考這種分數！」而不是說：「你考得不太理想，怎麼了嗎？」

孩子過去的經驗往往是「我講了就被罵」，因此孩子學會隱瞞，或是報喜不報憂。

當孩子愈不想講，父母就愈急著想知道，甚至偷翻書包、翻日記，孩子覺得隱私被侵犯，就更不想講了。如此一來，形成惡性循環。

來和我晤談的孩子，我也會告訴孩子的父母，因為父母身兼管教的責任，而青春期的孩子可能不想告訴父母，但這不是父母的錯，是因為父母同時身兼管教者和輔導者，這兩個角色本身就是衝突的。而我的角色是輔導教師，角色較為單純，我會聆聽、同理孩子感受，不會讓孩子有挨罵的感受，孩子可能比較願意跟我說。

因此，我也會請父母不要擔心，若有需要告訴父母的事情，我會轉達給父母知道。同時，我也會肯定父母很關心孩子。倘若孩子不肯說，有可能是怕被罵，或是還沒有準備好要說，但**父母可以告訴孩子：「若你需要有人聊聊，我都在。」**尊重孩子現在還不想講的狀態，但同時也表達父母一直都在默默關心他。

我也會跟孩子討論：「有沒有什麼事情可以讓爸媽知道呢？因為你不說，爸媽就會更擔心你，就會胡思亂想、亂猜、想偷看你的日記，或是一直打電話問老師等等。

「**你不想跟爸媽講心事，沒關係，或許可以跟爸媽分享一些有趣的事情**，例如同學之間的八卦、哪個老師你很喜歡、哪個老師很機車等等。這樣做，父母可能就不會那麼擔心了。你覺得呢？」

我也相信，幾乎所有的父母都是關心孩子的。有個爸爸很無奈地跟我說：「我關他網路，他就覺得我是仇人。我每天煮飯給他吃，天冷時，請他多穿件衣服。我看見他不舒服，馬上帶他去看醫生。這樣難道還不算關心他嗎？」

我常常很感慨，父母的愛，孩子卻收不到，真的好可惜呀！

父母可以怎麼說，孩子才不會覺得總是被罵呢？

父母可以先同理孩子的感受。同理有個簡單的公式——簡述語意＋情感反映，例如：當孩子回家跟你抱怨好朋友今天突然不跟自己說話，父母可以這樣回應：「你的好朋友今天突然不理你，你覺得很難過。」

請不要：

1 先幫孩子反省自己

例如對孩子說：「你是不是做了什麼事情讓他討厭你？」

2 一直問孩子「為什麼」

「那你為什麼不直接問他『你為什麼不理我』？」因為用「為什麼」這個詞，可能會讓孩子感受到被質疑。

3 直接給建議

例如對孩子說：「他不理你，你可以去找別人啊。你不是跟XXX也很好？」

我覺得這三個問句的確可以幫助孩子思考，但孩子在生氣、難過的當下，是無法理性思考的。因此，先同理孩子的感受，讓孩子感受到被理解，情緒得以被穩穩地接住。唯有好好地度過情緒之後，理性才可能出來。此時，孩子就能好好思考大人的建議，和大人討論怎麼做了。

但願父母給孩子的愛，孩子都能收得到呀！

心情溫度計

簡式健康量表

請仔細回想一下，最近一周中（包括今天），這些問題使你感到困擾或苦惱的程度，然後圈選一個最能代表你感覺的答案。

	完全沒有	輕微	中等程度	厲害	非常厲害
1 睡眠困難，譬如難以入睡、易醒或早醒	0	1	2	3	4
2 感覺緊張不安	0	1	2	3	4
3 覺得容易苦惱或動怒	0	1	2	3	4
4 感覺憂鬱、心情低落	0	1	2	3	4
5 覺得比不上別人	0	1	2	3	4
★有自殺的想法	0	1	2	3	4

前五題總分

0-5分	一般正常範圍
6-9分	輕度情緒困擾，建議找親友談談，抒發情緒
10-14分	中度情緒困擾，建議尋求心理衛生或精神醫學專業諮詢
15分以上	重度情緒困擾，建議尋求精神醫學專業諮詢

★有自殺的想法

本題為附加題，若前五題總分小於6分，
但本題評分為2分以上（中等程度）時，建議尋求精神醫學專業諮詢

註1：簡式健康量表（Brief Symptom Rating Scale，簡稱BSRS-5），又名「心情溫度計」，是由台大李明濱教授等人所發展。此量表簡短、使用容易，可具體了解個人情緒困擾的程度，並依據得分結果做適當的評估及處遇。

註2：十八歲以下的孩子，可以填寫「青少年憂鬱情緒自我檢視表」。另有「董氏憂鬱量表—大專生版」，適合十八至二十四歲的大專學生填寫。如果你已滿十八歲且非大學生，可以填寫「台灣人憂鬱症量表」。https://www.jtf.org.tw/overblue/young/（連結為量表內容）。

憂鬱症是因為孩子個性太脆弱嗎（二）？

吃藥不代表你軟弱

小凡是國中七年級的男生，他最近發現，他喜歡上班上另一個男生。小凡把這個祕密告訴他的死黨，隔天死黨卻不小心說了出去，結果全班都知道了。

小凡的祕密變成了大家單調乏味的國中生活中最大的八卦及樂趣。同學開始調侃小凡：「娘娘腔很噁心、死同性戀！」

有一次，小凡只是跟同學借立可白，同學笑著，看著大家說：「不要，你去跟他借！」大家不斷起鬨，小凡只覺得臉頰發熱，恨不得有個地洞可以躲起來。

小凡喜歡的男生也覺得壓力很大，開始對小凡表現出愛理不理的樣子。小凡非常難過，更常問那個男生：「你會不會覺得我很煩？」後來，那個男生就更不想理小凡了。

小凡覺得自己是個不值得被愛的人。他也想要很man，想和男生打打鬧鬧，但自己看起來比較陰柔、心思也比較細膩。喜歡上男生，也讓他覺得自己很奇怪。

小凡好討厭自己：「為什麼我不能和其他男生一樣？」小凡也很自責自己讓家人擔心。

小凡上課開始容易分心、胡思亂想、課業一落千丈，出現憂鬱的情緒和自殺意念，因為狀況嚴重，我邀請媽媽來談。

媽媽知道小凡的性向之後，沒有多說什麼，只是淡淡地說：「其實之前也有在猜是不是這樣……」

但小凡爸爸知道後受到很大的打擊。小凡感受到爸爸的無奈：「你是我們的孩子，我也沒辦法，只能接受……」

還好，媽媽的態度非常正向。她告訴小凡：「你不要擔心，不管怎麼樣，你都是我們的孩子，爸媽支持你。爸爸他只是還需要一點時間，其實他是很愛你的。」我聽到媽媽說的這些，覺得心裡被撼動了。這是多麼全然的包容和接納啊！

但小凡的憂鬱症沒有好轉，他持續地想死。他知道父母很愛他，但他還是覺得活著好累，覺得自己很糟。他只要想到喜歡的人不想理會自己，還有同學揶揄他的話語，還是感到非常難過……「如果我死了，爸媽是不是煩惱也能少一點？」

小凡曾提到想在喜歡的男生生日那天上吊自殺，因此媽媽的精神壓力非常大。媽媽幾乎二十四小時都要看著小凡，好幾次崩潰大哭……「我真的不知道要怎麼對待他。他做得不好時，也不敢對他說太重的話，怕他往心裡去；每天安慰他『不要想太多』、陪他聊天也沒有用……」

迷思四：為什麼會有憂鬱症？憂鬱症是個性太脆弱所導致的嗎？

很多人認為，憂鬱症是因為個性不夠堅強、太脆弱、太會胡思亂想，才會得憂鬱症。事實上，憂鬱症不是單一因素所引發，是生理、心理、社會等原因交互作用所導致的。

1 生物因素：大腦中的神經化學物質失去平衡，主要是血清素、正腎上腺素及多巴胺。

2 體質遺傳因素：憂鬱症家族史，或家族成員罹患其他精神疾病。

3 心理因素：個人特質的部分，例如完美主義、自我要求高、心思細膩、敏感、負面悲觀的思考習慣等。

4 社會因素（生活壓力事件）：

(1) 創傷經驗或失落經驗、負面的生活事件，如：分手、沒考上理想的學校、重要他人過世等。

⑵ 支持系統不佳或不足：父或母過世、離婚、入獄等。

因此，**憂鬱症不會是單一原因所導致，而是很多原因「交互作用」所引發的**。例如一個心思較為細膩、高敏感的孩子，又遇到一個喝酒、家暴的爸爸，導致孩子想保護媽媽而非常恐懼及痛苦。但，倘若這個心思細膩、高敏感的孩子剛好生長在一個功能健全的家庭，他可能就不一定會發病。

迷思五：孩子有憂鬱症，但不想要依賴藥物

通常，我會對父母說明憂鬱症的服藥可能是暫時性的（可能是幾個月到幾年的時間），例如我們感冒時，也會吃感冒藥，但感冒好了就不用吃了。因此，當孩子覺得用藥一段時間後，身心狀況有改善，就可以和醫生討論停藥的可能性，而非貿然停藥。

也有些孩子非常抗拒吃藥，這些孩子的共通特質是自我要求高。他們告訴我「想要靠自己，不想靠藥物」。對他們而言，吃藥好像代表自己很軟弱、抗壓性低，因此我也會對孩子說，憂鬱症不是你的錯，例如迷思四中談論導致憂鬱症的各種因素，許多都不是孩子能控制，「吃藥並不代表你軟弱」。

而這樣的特質，代表孩子的個性可能很ㄍㄧㄥ。**憂鬱的時候還要假裝自己很好、假裝沒事**，這其實是一件很辛苦的事情，也可能**導致孩子有「微笑憂鬱」的狀況**。平常都笑笑的，看起來一切都很好，沒有人知道孩子很憂鬱，孩子半夜卻躲在棉被裡偷偷哭。「高自我要求、完美主義」這樣的特質，讓孩子不願意求援，也可能導致憂鬱症更加嚴重。

抗憂鬱的藥物並不會馬上生效，通常需要服用兩到四週以上的時間才會出現療效，所以照醫囑吃藥非常重要。

有些孩子剛開始吃藥就感受到副作用非常強烈，例如：昏昏欲睡、頭暈等，但若因為副作用而貿然停藥十分可惜，因此通常醫生剛開始會安排一週回診一次。

孩子和家長可以記錄用藥的狀況、副作用等，在回診時與醫生討論，醫生會視情況調藥。倘若因為副作用強烈而有時吃，有時不吃，這樣醫生很難調藥，藥效也無法出來。

迷思六：分不清楚什麼是心理醫師、心理師、精神科醫師？

在台灣，並沒有「心理醫師」這個職稱，只有「精神科醫師」及「心理師」。

精神科醫師是受過醫學院七年訓練後（學士學位）選擇走精神科。只有精神科醫師可以

「診斷」及「開藥」，在醫院執業。

心理師分為「諮商心理師」及「臨床心理師」，是經諮商／臨床心理師高考通過而取得心理師證照。

1諮商心理師大多在各級學校輔導諮商中心／輔導室、社福機構、心理諮商所／心理治療所等工作，進行心理諮商。

2臨床心理師大多在醫院工作，也有一些臨床心理師在學校輔導諮商中心、心理諮商所工作，主要工作內容為心理衡鑑及心理諮商。

值得注意的是，坊間有一些人自稱心理醫師、心靈導師、身心靈導師、靈性導師等，但並沒有受過專業訓練，亦無取得專業證照。因此，為維護個人身心健康，建議民眾在合格設立的醫院或心理諮商所／心理治療所進行相關服務為佳。

而國小到高中輔導室也有受過專業訓練的「專任輔導教師」，大學的學生輔導諮商中心，亦有「心理師」提供諮商服務。因為在外尋求諮商的費用並不是所有人都負擔得起，而且輔導老師就身處在學校，更能和孩子、老師、家長進行更直接的「系統合作」。因此，也可以好好善用身邊的資源！

面對憂鬱的孩子時，父母可以怎麼做

1若你觀察孩子的情緒一直處於低落的狀態，或是易怒（有些兒童或青少年表現出的情緒不是憂鬱，而是易怒），有個簡單的指標，可以評估孩子是否需要就醫：

- **飲食**：和之前相比，是否吃不下或吃過多？
- **睡眠**：和之前相比，是否睡不著或是睡過多？
- **失功能**：原本可以自理的事情現在卻做不到。

若同時出現上述三個情況，及出現憂鬱或易怒的情緒超過兩週，請帶孩子就醫、諮詢學校的輔導教師或心理師，和醫師討論是否需要用藥或是接受心理治療。

2若像文中的小凡，自殺意念非常強烈，甚至已有自殺計畫（要在喜歡的男生生日當天上吊自殺），就要請家長隨時留意孩子安全，也請醫師評估是否需要住院治療。

3陪伴憂鬱症的孩子可能讓家長非常挫折無力，因為孩子沉浸在負向思考中，無法自拔，家長勸也不是，罵也不是，就像文中小凡媽媽最後情緒也跟著潰堤。因為憂鬱症可能需要用藥＋心理治療雙管齊下，憂鬱的情緒也不是孩子能控制的。因此，家人可以先陪伴、傾聽就好，不要急著把孩子拉起來。除外，我覺得**最重要的是**

家長的自我照顧，先把自己的身心照顧好，若有需要，可以尋求其他家人及專業人員的協助，才能好好陪伴孩子走過憂鬱風暴。

Part 5

孩子的行為，可能是「互動」出來的

你和孩子的依附關係（一）

將影響孩子日後與他人的關係

你還記得，當你小時候遇到挫折、被同學欺負或考試搞砸了，回家後，父母會安慰你，還是你反而會被罵呢？

我們的主要依附對象通常為父母，是一個長期而穩定的客體，讓我們在變動的環境中，依然有安全感。當我們去冒險、嘗試新事物時，如果失敗了或跌倒受傷，也有人在身後可以依靠；當你覺得累了，可以回家充電。

就像學走路的寶寶嘗試站起來，跨出第一步，當他跌倒了，他知道媽媽一直在身後為他加油，不會突然不見；當他哇哇大哭時，媽媽就在身旁，安慰著他。**母親就是孩子探索未**

知世界的安全堡壘（secure base）。

一口氣打二十通電話，嚇壞男友

我們和母親的「依附關係」，長大後，也深深影響了我們和他人的關係。

例如：A小時候遇到挫折，哇哇大哭跑回家時，媽媽溫暖地抱住A、安慰A，和A一起討論怎麼面對。A的心裡將能長出安全感，知道「無論發生任何事，都有人陪我一起面對」。

孩子從媽媽身上得到安全感。從媽媽的回應中，形塑及內化正向的自我意象及對他人反應的善意期待，形成「內在運作模式」（internal working models，指自己在和他人的互動過程中，漸漸地形成對自我及他人的認識，以預測未來和外界環境互動時的參考）。

因此，A無論長大後遇到什麼挫折或困難，都會傾向將他人視為是友善的。因為在支持的環境中長大，A比較樂觀、比較容易信任他人，遇到困難也願意向他人求助。

而另一個孩子B，當她遇到挫折，哭著跑回家時，媽媽卻說：「哭什麼哭，這種小事有什麼好哭的？」當事情沒做好，被媽媽責備：「這點小事都做不好，以後還能幹麼！」

B長大後，當男朋友不接電話，也不回電時，心裡馬上連結到過去「被拋棄、不被愛」的經驗，內心的小劇場直接被啟動了：「他不接我電話，他是不是不愛我了？我是不是做錯了什麼？」於是，B一口氣打了二十通電話，嚇壞了男朋友。

這個時候，B因為生存感被威脅，她需要確認「自己是否被愛，還是真的被拋棄了」，使得理智無法控制自己奪命連環叩的行為。

在一個不被支持、接納的家庭中長大，B在人際上可能較為退縮、對他人容易產生敵意，以及低自我價值。

相反地，當A遇到男朋友不接電話，也不回電時，可能心裡也覺得不舒服，但不會馬上覺得自己要被拋棄了，因為在過去的經驗中，A感受到被愛、爸媽是可以依靠的。因此，儘管A也會馬上聯想到「是不是我做錯了什麼」？但較能理性地思考：「或許他正好在忙，手機沒放在身旁」。

這樣的關係型態常會在日後的人際關係中重現，意即我們和主要照顧者（如母親）的關係，會不自覺地複製到我們與他人的關係之中。

要有親子互動，才是完整的愛

所以，「依附關係」到底是什麼呢？英國精神分析師約翰・鮑比（John Bowlby）提出依附關係及分離焦慮，因為他觀察到第二次世界大戰之後，許多孩子因戰爭被迫和父母分離，而產生人格上的影響。

之後，美國心理學家哈洛（Harlow）進行恆河猴的實驗，他做了兩個人造的猴媽媽，分別是有奶瓶的鐵絲媽媽和沒有奶瓶的布媽媽。研究發現，恆河猴除了喝奶的時間會在鐵絲媽媽身上以外，其餘的時間都緊緊依附著布媽媽，甚至在吸著奶瓶的同時，還緊緊抱著布媽媽。

原來會讓恆河猴依附的是柔軟、溫暖的觸感，而非食物，這也打破了我們認為「有奶便是娘」的迷思。這個實驗告訴我們，**在物質需求底下，更重要的需求是得到溫暖及被愛**。

當小猴子長大，小猴子回到猴群和其他猴子一起生活。但長大後的小猴子無法和其他猴子正常相處，時常出現退縮或攻擊行為。這個研究給我們重大的啟發，原來，要有親子互動才是完整的愛。光靠布媽媽柔軟的觸感，無法讓小猴子的身心健康發展。

而美國發展心理學家愛因斯沃斯（Ainsworth）做了陌生情境的實驗。她拜訪了烏干達的二十六個家庭，提出了三種依附類型，分別為安全依附、矛盾依附及逃避依附（後兩者屬於不安全依附類型）。

回到美國後，愛因斯沃斯進行了著名的「陌生情境實驗」。一開始，媽媽和一歲左右的寶寶在遊戲間，之後媽媽離開，研究員進來安撫幼兒，最後媽媽回來。她發現，沒有幼兒會主動尋求研究員的安撫，當媽媽離開後，幼兒也不想繼續玩玩具了！對孩子而言，最重要的人就是媽媽。

原來，是幼兒和媽媽之間強烈的情感連結，提供孩子莫大的安全感，讓孩子有勇氣探索世界。**媽媽是無法被其他人取代的。**

三種依附類型

另外，愛因斯沃斯發現媽媽離開時，幼兒的反應不太一樣，可分為以下三種依附類型：

1「安全依附型」的寶寶在媽媽離開的時候哭泣，但能接受陌生人的安撫，在媽媽回來以後，也很快地破涕為笑，在媽媽安撫之下可以繼續玩耍。大概有百分之七十的寶寶屬於安全依附型。

2「矛盾依附型」的寶寶在媽媽離開的時候很焦慮，不斷尋找媽媽，但在媽媽回來之後，渴望媽媽擁抱卻又很生氣，甚至對媽媽拳打腳踢。大概有百分之十二的寶寶屬於矛盾依附型。

3「逃避依附型」的寶寶在媽媽離開的時候會尋找媽媽，但在媽媽回來的時候表現出無所謂的樣子，甚至想逃避。大概有百分之二十的寶寶屬於逃避依附型。

這三個類型的孩子長大後，在戀愛關係中，和另一半的互動模式也會有很大的不同。

1「安全依附型」的孩子長大後，和伴侶相處的過程中，會和對方傾訴心事，也願意聆聽對方的煩惱。當各自忙碌時，能專注在自己的生活，不會感到缺乏安全感或過度焦慮，也願意信任對方。

2「矛盾依附型」的孩子長大後，**當另一半不在自己身旁，會覺得沒有安全感，擔心自己不夠好、害怕被拋棄，需要另一半再三保證及安撫**；當兩人在一起時，明明心裡很開心，卻會假裝不在乎、故意擺臭臉，或說不好聽的話惹怒對方。

3「逃避依附型」的孩子長大後，**對自我和他人容易抱持負向的觀感，覺得自己不值得被愛，也覺得對方不可信賴**。在愛情關係中，傾向假裝自己很獨立、假裝不在乎對方，也不習慣回應他人的情緒，因為害怕受傷而逃避與他人親近。需要幫忙時，不願意尋求另一半的幫助，但其實心裡仍然渴望他人的呵護。對他人冷淡，導致對方很難親近自己，而漸行漸遠。

愛因斯沃斯發現幼兒的反應不太一樣，可以分為以下三種依附類型：

	母嬰依附型態	未來戀愛關係
安全依附型	「安全依附型」的寶寶在媽媽離開的時候哭泣，但能接受陌生人的安撫，在媽媽回來以後也很快地破涕為笑，在媽媽安撫之下可以繼續玩耍。大概有百分之七十的寶寶屬於安全依附型。	「安全依附型」的孩子長大後，和伴侶相處的過程中，會和對方傾訴心事，也願意聆聽對方的煩惱。當各自忙碌時，能專注在自己的生活，不會感到缺乏安全感或過度焦慮，也願意信任對方。
矛盾依附型	「矛盾依附型」的寶寶在媽媽離開的時候很焦慮，不斷尋找媽媽，但在媽媽回來之後，渴望媽媽擁抱卻又很生氣，甚至對媽媽拳打腳踢。大概有百分之十二的寶寶屬於矛盾依附型。	「矛盾依附型」的孩子長大後，當另一半不在自己身旁，會覺得沒有安全感，擔心自己不夠好、害怕被拋棄，需要另一半再三保證及安撫；當兩人在一起時，明明心裡很開心，卻會假裝不在乎、故意擺臭臉，或說不好聽的話惹怒對方。
逃避依附型	「逃避依附型」的寶寶在媽媽離開的時候會尋找媽媽，但在媽媽回來的時候表現出無所謂的樣子，甚至想逃避。大概有百分之二十的寶寶屬於矛盾依附型。	「逃避依附型」的孩子長大後，對自我和他人容易抱持負向的觀感，覺得自己不值得被愛，也覺得對方不可信賴。在愛情關係中，傾向假裝自己很獨立、假裝不在乎對方，也不習慣回應他人的情緒，因為害怕受傷而逃避與他人親近。需要幫忙時，不願意尋求另一半的幫助，但其實心裡仍然渴望他人的呵護。對他人冷淡，導致對方很難親近自己，而漸行漸遠。

下一篇我們來談談，怎樣培養安全依附型的孩子。

你和孩子的依附關係（二）

決定孩子能否信任他人

心理治療學派中的客體關係理論指出，小時候與母親的互動經驗是我們自我概念、對他人的心理意象、親密關係發展與情緒發展的基礎。

因此，**我們在生命早期與主要照顧者的互動關係經驗會被內化**，**成為我們內在的「人我關係型態」**，例如：我是可愛的／我是不可愛的、他人是可以信任的／他人是不能信任的、別人喜歡我／別人不喜歡我。

而這個假設形成之後，可能會讓我們的人際互動產生困難。例如：別人對我好，安全依附的孩子會覺得「我是被愛的」；而不安全依附的孩子遇到別人對自己好時，可能反而會猜想：「你是想利用我，還是可憐我，才對我好？」

如何培養「安全依附型」的孩子？

讀到這裡，我想父母很想知道的是，到底要怎麼做，才能培養「安全依附型」的孩子呢？

1 **培養「安全依附型」孩子的祕訣，就是能敏銳地覺察孩子的需求，且及時給予回應。**

在寶寶哭鬧的時候，及時地覺察孩子需要換尿布、餓了想喝奶或是想要父母抱抱，並能適當地安撫寶寶。

隨著孩子長大，當孩子有異狀或遇到挫折時（在學校被欺負、考試考不好很沮喪、和朋友吵架等），父母若能敏銳地覺察到孩子的需求，適時給予陪伴和支持。且不管孩子表現得好不好，孩子都能感受到自己是被愛的，較容易成為安全依附型的孩子。

值得注意的是，敏銳覺察孩子的需求，並不代表任孩子予取予求；而是做高情感回應、高行為要求的「民主威信型」的父母。（參見八十九頁〈孩子難以管教，怎麼辦？父母的教養風格需調整〉一文）

2若父母對孩子時好時壞、喜怒無常或情緒化，心情好就對孩子和顏悅色，心情不好就對孩子大吼，甚至體罰，孩子可能會非常焦慮，因為父母是無法預測的，而變成「想靠近父母又害怕靠近」的「矛盾依附型」的孩子。

3若父母身心狀況不佳、生病、工作太忙或婚姻有問題，導致父母時常忽略孩子的需求，對孩子冷漠以對。不管孩子再怎麼表達自己的需要，都無法得到父母的關注。最後孩子為了生存，可能會發展出「只有靠自己，我才能活下去」的策略，傾向假裝自己很獨立、不需要依靠他人，變成「逃避依附型」的孩子。

寶寶本身的氣質，也會影響依附關係

通常我在親職講座分享到這裡，很多爸媽都會擔心孩子若不是安全依附類型，是不是自己的問題。但其實，除了父母如何回應孩子，寶寶本身的氣質也會影響依附關係。

1「易養型」的寶寶情緒穩定、作息規律，容易適應新環境，就是那種所謂的「天使」寶寶。

2「難養型」的寶寶較為好動、容易受到驚嚇、反應激烈、情緒不穩定，在新環境中需要更長的時間才能適應，需要照顧者更多的耐心。

3「慢吞吞型」的寶寶比較不好動、害羞內向，對於新環境或他人的回應較為緩慢，需要父母更多的支持與陪伴。

因此，是**孩子本身的氣質，以及教養環境（家庭、社會、遭遇事件）兩者的交互作用，讓孩子成為今天的樣子**。

例如一個難養型的寶寶，遇到一位自己本身就是不安全依附類型的媽媽。面對不好帶的孩子，父母的情緒可能更容易失控。而父母對孩子的易怒、缺乏耐性、處罰孩子，導致孩子脾氣更糟、更會鬧彆扭，或者更退縮；那麼，孩子最後很有可能就長成不安全依附類型了。

在養育難養型及慢吞吞型的寶寶時，如果父母能用更多的耐心及敏銳度，以溫和堅定的態度對待孩子，長久下來，孩子的適應力及情緒穩定度也會慢慢進步，孩子將來也有可能發展為安全依附類型。

也有研究發現，媽媽和孩子的依附型態，有六七成是一致的，因此從主要照顧者的依附類型，可以預測孩子的依附類型。

接下來，想請你猜猜看，依附關係是可以改變的嗎？

研究指出，依附類型是穩定的特質，從孩子一歲到學齡前，八成以上維持同一個依附類型。**成年後，有七成以上不變。這代表了我們和父母的依附關係，深深地影響了我們和伴侶的關係。**

當遭遇重大壓力事件（如父母離婚或死亡、父母或孩子有重大疾病），有三分之二的孩子會從安全依附變成不安全依附。但若遭遇重大壓力事件，父母能妥善處理，陪孩子一起面對，孩子不一定會從安全依附變成不安全依附。

另外，有大約三成的不安全依附者，能夠在成長過程中，透過重要他人善意及敏銳地回應，而轉為安全依附。

孩子的無理取鬧或擺臭臉，反映的是孩子遇到困難

我自己是雙寶媽，當我忙了一天，疲憊地回到家，急忙做晚餐，正手忙腳亂時，又遇到孩子無理取鬧、擺臭臉，或是兩人為了小事吵得不可開交。這個時候，真的很難好好回應孩子，只想吼回去，讓孩子乖乖聽話，我才能趕快把事情做完。

但孩子的無理取鬧或擺臭臉，也的確反映孩子遇到困難了，例如：小一點的孩子怕黑、怕鬼；大一點的孩子因為同學不理他而傷心、因為考不好而自責、因為男朋友提分手而割腕。縱使這些困難在大人眼中多麼地不值得一提，也無法理解孩子怎麼會為了一點小事煩惱成這樣，或氣孩子為何連這麼簡單的事情都會搞砸。

當孩子鬧脾氣的時候，父母可以用權威管教，快速地處理孩子的問題行為，也可以選擇**在深呼吸幾次、讓自己冷靜之後，好好回應孩子鬧脾氣背後的需求**。

其實，正是這些看似微不足道的時刻，一點一滴的建立我們與孩子「高品質的關係」，形成孩子和母親之間最珍貴的安全依附。

我相信，幾乎所有父母都是愛孩子的。**但你愛孩子的方式，孩子是否真的能收到你的愛，那才是真正的關鍵**。

實際上，不是所有的父母都曾被自己的父母好好對待，再加上工作壓力、經濟壓力、疫情緊繃、婚姻問題等，有時候，你想要好好回應孩子，都覺得心有餘而力不足。在如此龐大的壓力下，實在很難覺得孩子可愛。

因此，父母的自我照顧，及尋求專業協助（如：導師、輔導老師、心理師、精神科醫師），共同合作，幫助孩子就非常重要。

我們再回到B的故事。B小時候遇到挫折時，媽媽常給他的不是支持，而是責備。因此，B在家庭中很難感受到被愛，開始認定「大人就是不能信任的」、「我是不被愛的」。

上學後，個性比較調皮的B，在學校出現一些問題行為（如：捉弄同學、說謊、頂嘴、情緒失控、不服管教等），父母、師長從原本的循循善誘，到有一天終於受不了，而對B破口大罵。父母、師長開始覺得B怎麼教都沒用，根本就是壞得無藥可救。

這時，**大人脫口而出的情緒化的責備話語**，B**將再度驗證原本心中負向的「內在運作模式」**（internal working models）：「大人就是不能信任的」、「我是不被愛的」，「你們都說關心我、愛我，你看，只要我不當個好孩子，你就不要我了」，而**強化了原本不安全依附的型態**。

如果你是教師，你一定遇見過這些大人眼中「不受教」的孩子。有些孩子很難以親近、抗拒和你接觸，對你的關心不理不睬；有些孩子好像總要測試你的底線在哪裡，對師長態度惡劣，還做出各種讓人抓狂的偏差行為；有些孩子一遇到挫折、不順心時，就大哭、大吼大叫、把東西摔滿地。

這些，可能都反映了孩子的不安全依附型態。

老師請記得：「孩子對你的拒絕，不是你的問題」。

我在教育現場，看到很多導師教了十幾年的書，從原本的滿腹熱情、覺得自己身懷重任，卻不斷被孩子惹人厭的行為、挑釁的態度，而不由得感到心灰意冷。請你一定要記得：「孩子對你的拒絕，不是你的問題」。

如果孩子在家庭中沒有一個能好好回應他的大人，那麼他也很難好好回應他人。孩子對你的無禮與不信任，可能是孩子過去曾經受的傷，讓他無法相信你和其他大人不一樣。

而身為教師的你，無疑地就是那個最寶貴的角色。只要你沒有被孩子的各種問題行為嚇跑，你從來沒有放棄過他，你還願意相信他是個好孩子。**你對孩子的愛與不放棄，就是孩子珍貴的「矯正性情感經驗」**（corrective emotional experience）（註）。

孩子會發現，「無論我犯了多少錯誤，都沒有被放棄，有一個人一直陪著我面對」，未來的某一天，或許孩子真的能收到你對他的愛，這時。「大人都是不可靠的」、「我是討人厭的」的這些負向「內在運作模式」，終將能開始鬆動、改變。我想，這絕對是教育現場中最動人的風景了！

註：指當個案再次經歷到在其他關係中未能解決，以及在過去成長的依附關係中經常經驗到相同的人際模式時，諮商師或是個案的重要他人能以嶄新且有效的方式來回應，使個案體驗到新的、不同的人際互動模式，提供個案改變的契機。

不順孩子的意，孩子就威脅撞牆？

關係裡的「互補」影響親子互動

在心理治療的各種學派當中，我很喜歡家族治療這個學派，因為它提供了不一樣的觀點來看個案。家族治療不會只看個人發生了什麼事，而是去看整個系統（例如家庭）發生了什麼，使個案變成今天這個樣子。

家庭中最容易被批評責難的人，被稱作「代罪羔羊」，家庭的問題可能透過代罪羔羊而呈現出來。其實，個案的問題可能反映的是家庭系統運作的症狀，但家人卻總是認為「都是那個人」導致家裡變得烏煙瘴氣，例如抱怨「小銘很懶惰、整天玩電腦不去上學」。

在孩子蹺課、偷竊背後，往往有更深層的家庭問題

上學期，七年級小銘的父母跟我抱怨「孩子被寵壞了」。當父母不順著小銘的要求，他就翻臉，還威脅要去撞牆；但換個角度想，是誰把小銘寵壞了呢？當小銘小時候大哭大鬧，提出不合理要求時（例如：一次吃五包零食、玩三個小時的電腦），父母總是依著孩子。當小銘愈長愈大，打電動到廢寢忘食、熬夜不去上學時，父母才猛然發現，孩子已經管不動了。

其實，是父母的寬容及放任，在一來一往的互動中，讓孩子對父母愈來愈予取予求。

家族治療指出了「系統」對於人的影響。很多時候，**人的行為其實是和環境不斷互動而產生的。**

我與青少年工作的這幾年，好幾位爸媽曾氣急敗壞地對我說，都是孩子的偏差行為造成家裡多少困擾，例如常常接到導師電話，讓他們疲於奔命；但實際上，我卻也看到這些父母對孩子的溺愛，及不斷幫孩子擦屁股的行為，甚至希望老師不要處罰孩子，而讓孩子的問題行為持續發生。

之前我遇到一個孩子小郁，八年級的她常常蹺課，還有好幾次偷同學的錢。和小郁談了兩次之後，她告訴我：爸媽從她七年級開始，就不斷地爭吵要離婚。這段時間，小郁開始

出現蹺課、偷竊的行為；而每次只要小郁一有狀況，爸媽就會轉而一起關心她，就沒有心力去談論離婚了。

因此，如果我們只把焦點放在孩子蹺課、偷竊的狀況去做處理，而沒有去探討家庭系統對她的影響，我們再怎麼努力處理，都無法真正地對症下藥。

從小郁的故事中，我們看到，**孩子的問題行為是有功能的**。小郁蹺課、偷竊的行為，讓父母可以不再爭執，轉為互相合作處理小郁的狀況。因此，小郁的問題行為無法真正改善，因為如果小郁變成一個乖孩子，父母反而可能真的會離婚。當我們有了這層發現，就能用「系統觀」來幫助孩子及家庭。

我跟小郁的媽媽提到我的觀察，媽媽才意識到婚姻狀況可能已經影響到孩子了。於是，小郁爸媽開始去進行婚姻諮商。

小郁九年級的某天，小郁媽媽打給我，告訴我，他們剛辦妥離婚。透過婚姻諮商，他們不是吵吵鬧鬧著要離婚，而是能把話說清楚，也認清彼此不適合，在給予對方祝福的狀況下離婚。爸媽也花了一些時間讓小郁接受這個事情。

我想，這是對爸媽和小郁來說，最好的狀況了吧！

家族治療中的「互補」——為什麼別人愈追，我愈想逃？

我很喜歡家族治療中「互補」（complementarity）的這個概念。乍看之下像是對立，但實際上卻相生相容。

有句話說得好，有一個愈能幹的太太，就會有愈懶惰的先生：太太覺得先生做家事笨手笨腳，總是抱怨先生不會做家事；當太太做得愈多，先生就更能輕鬆躺在沙發上看電視。

其實，**在關係中，我們常常將對方訓練成現在的樣子，讓對方用互補的方式滿足自己的需求。**

先生的懶惰，導致太太更加忙碌；而太太的勤勞，卻也讓先生可以繼續當沙發馬鈴薯。若太太希望先生可以多幫一點忙，那麼太太不是一直催促先生做事，且自己還是一邊做、一邊罵，而是反過來，自己少做點事啊。

伴侶或親子間，也常常出現「你追我逃」的戲碼，例如：當媽媽盯孩子盯得愈緊，孩子反而更抗拒念書。當工作環境愈緊繃、老闆愈壓榨員工，員工反而更想要找機會偷懶。當女朋友奪命連環叩，男朋友更不敢接電話，只想要躲起來。當父母愈反對孩子交男女朋友，孩子就更想要交。

我自己也有一個有趣的例子。我發現當我每次回娘家，總是特別想喝珍珠奶茶；在台北，我反而較能自我控制。我後來仔細想想才發現，我媽媽是一個很重視健康的人，家裡幾乎沒有零食、飲料，每餐都會煮一大盤青菜給我們吃。因此，珍奶對我媽媽來說，根本就是垃圾食物。因此，當我回娘家時總是特別想喝，因為「得來不易」的珍珠奶茶，感覺更是好喝啊！

在家時，我偶爾也會對先生說：「我想喝珍珠奶茶。」我先生總是說：「好啊，你工作那麼辛苦，我去幫你買！」但這時候，我反而會自己踩剎車，對他說：「不用啦，我只是說說而已。」因為我自己也知道珍珠奶茶不健康。但父母愈是反對，當珍奶成為禁忌品，珍奶就更是吸引人啊！

你曾經也有過別人愈不希望你去做，你卻愈想要做的時候嗎？

這又是另一個孩子的故事了。小品原本和媽媽關係非常緊密，升上國中後，小品覺得媽媽實在管太多、太囉嗦，不想再被媽媽控制。因此，她開始對媽媽翻白眼、愛理不理，甚至頂嘴，或是把自己關在房間，不想出來。

媽媽既驚訝又恐慌地對我說：「我覺得她看我的眼神都變了！」媽媽開始擔心是租屋處風水不好、卡到陰，還是寒假和表哥一起打電動而學壞……

而在晤談中，小品表明地跟我說：「我希望媽媽不要再管我。我反而覺得最近很開心，因為我在過我自己想過的生活，不用什麼都聽媽媽的！」

小品媽媽的高掌控，使得小品感受到如影隨形的壓力，導致孩子只想要逃，不想要理會媽媽；而小品頂嘴或愛理不理的反應，卻讓媽媽更為焦慮，覺得孩子變壞了，「更應該好好管教」。

媽媽不斷打電話，詢問輔導室可以怎麼幫忙孩子；而媽媽的這個行為，讓孩子更加反彈，覺得媽媽個性既歇斯底里又莫名其妙。母女之間出現「你追我逃」的狀況。

因此，我對媽媽說，如果她能先讓自己放鬆一點，暫時先不要管孩子幾天，給彼此多一點空間和時間調適，或許孩子就不會對她這麼反彈了。

如果「互補」是僵化、沒有彈性，就會產生問題

當然，**「互補」不一定是壞事**，例如一個嚴謹、保守的女孩，可能會愛上浪漫、熱情又衝動的男孩。因為嚴謹、保守的女孩，沒有體會過那樣刺激有趣的生活；在潛意識被壓抑的那些渴望，轉移到了情感中，透過和對方在一起，體驗到自己不曾體驗的人生。

但當男孩和女孩結婚，太太反而責備先生愛玩、不顧家時，先生可能覺得很莫名其妙；夫妻因為互補而結合，婚後卻因互補而開始互相討厭、互看不順眼。其實，兩個人的個性都不曾改變啊！

親子關係中，若父母一人扮黑臉，一人扮白臉。扮黑臉的爸爸糾正孩子、讓孩子知道自己犯錯以後，扮白臉的媽媽可以扮演撫慰者的角色，傾聽、理解孩子遇到的困難，讓孩子知道自己還是被愛的。這樣的關係，讓父母雙方可以合作，孩子知道自己因為犯錯被責備，但也同時被好好惜惜了（台語）。

關鍵在如果「互補」是僵化、沒有彈性或不可調整的，就會產生問題，甚至陷入僵局。例如扮黑臉的爸爸完全沒有彈性，總是嚴厲地責備孩子的錯誤；媽媽看了不忍心，常常幫孩子隱瞞過錯。因此，孩子的行為反而變本加厲，因為孩子知道，就算爸爸再兇，媽媽都會護著自己。

結果，孩子的問題行為變得更加嚴重，夫妻關係也跟著惡化了！爸媽都沒有發現，爸爸會這般嚴格，是因為覺得媽媽總是護著孩子；媽媽急於扮白臉，是因為覺得爸爸對孩子太嚴厲了啊。

觀察看看，你和孩子或另一半的互動關係也有「互補」、「你追我逃」的狀況嗎？這樣的互補是你喜歡的嗎？當我們能有多一些的彈性，讓互補的狀態不再是僵化，而是可以視情況調整的，在關係中就更能相輔相成，和家人的相處也能更加愉快。

練習從另一個角度看孩子

我們往往很容易認為某個人就是家裡最糟糕的人、是問題的根源，例如「爸爸很愛罵人，他害家裡氣氛變很糟」、「小明懶惰，不去上學」、「只要他離開這個家，家裡就會好了」，這其實是一種「線性因果觀」。

別再指認某個人製造所有的問題，他僅是代罪羔羊

家族治療這個心理治療學派中，提出了「循環因果觀」：指事事互為因果，彼此來回影

響。例如我們抱怨孩子被寵壞了、無法無天，但仔細想想，「是誰」寵壞了孩子呢？我很喜歡家族治療提到的這個概念，讓我們不再指認某個人為代罪羔羊，**帶我們去看見人與人之間僵化的互動模式，而這樣的互動模式導致問題不斷惡化**。

例如：當愛發脾氣的學生，剛好遇到一位較嚴格的導師，會發生怎樣的事情呢？

剛開始，七年級的小宇常常不寫作業，而被導師責備。他覺得面子掛不住，有一次忍不住罵了導師三字經，還翻桌子、奪門而出。

慢慢地，同學也開始覺得小宇是個不好的人，常常惹老師生氣，也不想和他做朋友。後來，小宇感受到同學不喜歡他，開始不想來學校。

因此，媽媽和導師都對彼此感到非常不滿。媽媽覺得導師根本就是帶頭排擠小宇，導師覺得媽媽本來就應該要盯孩子寫作業。最後，從原本只是不寫作業的小事件，演變為師生衝突，最後親師之間也產生衝突。

小宇開始愈來愈不常來學校，他喜歡參加陣頭的活動。在那裡，小宇才覺得自己是他們的一分子。最後，小宇中輟了……

在學校，我見到許多惡性循環的例子，而在學校場域中發生像以上這樣的惡性循環，總是讓人覺得非常遺憾。

而且，這樣的狀況往往有「極化」的狀況，就是狀況常常愈演愈烈，以至於最後產生惡性循環。

一開始，只是孩子有小狀況，就像小宇一開始不寫作業，後來卻演變為師生衝突、親師衝突，到最後，小宇在陣頭找到歸屬感，中輟了。

再舉另外一個例子，若一個衝動控制較差的孩子剛好在一個導師較為嚴格，會不斷糾正孩子的班級中，孩子感到被針對、自尊心受挫，他可能開始反抗老師，而產生**惡性循環**。

當然，若是一點一滴的好事聚集起來，也有可能產生「**良性循環**」。若這個衝動控制較差的孩子，剛好在一個包容性高的班級裡。在導師循循善誘之下，他感受到被接納、被理解，那麼孩子將更願意改變，也更願意幫助自己控制衝動行為。

該如何破解孩子的惡性循環呢？

其實很簡單，就是**練習用另一個角度看孩子**。

我想要分享另一個孩子的故事：那是一個有ADHD，但不願意服藥的孩子小齊。因為沒有按時服藥，小齊有很多過動、衝動的行為，例如上課和同學大聲聊天、不斷轉筆然後筆掉在地上、問老師一些不相干的問題等，造成導師班級經營上的困難。

小齊家是低收入戶，而且小齊的媽媽有憂鬱症。因為小齊總會頂嘴，媽媽在管教小齊時，常會忍不住情緒失控，甚至氣到對小齊說：「你再不聽話，我就把你送精神病院。」因此，小齊非常抗拒吃藥。

七年級時，面對導師的管教，小齊會罵導師三字經。有一次，學校的中輟輔導替代役哥哥試圖制止他的行為，他居然去咬替代役哥哥制服的袖子，袖子還濕了一大片。最後，替代役哥哥只好借學校的淋浴間沖澡、換衣服，才能繼續上班。不僅如此，小齊有時候也會和同學打架。

九年級時，小齊還是會對導師飆罵三字經，但不同的是，他沒有再動手，也不曾再咬人。

你有看到小齊的改變嗎？

很多人可能會說：「有！」但也有一些人會說：「國三了，怎麼可以還對導師罵三字經，真的很沒有教養！以後出社會，要怎麼辦？」但如果我們都沒有看到孩子的改變，如果孩子不管有沒有改變都會被罵，那麼孩子為什麼需要改變？

而且，小齊的媽媽有憂鬱症，家中是低收入戶，經濟上也有困難。這樣的家庭，可能父母本身的壓力就很大了。試想，如果連吃飽穿暖都有困難，父母怎麼會有多餘的心思給孩子更多的愛？當媽媽又說：「你再不聽話，我就把你送精神病院。」這句話，對小齊來說，只覺得媽媽想把自己丟掉，他不僅感受不到被愛，還多了可能被拋棄的不安全感。

我對小齊說：「現在你學會控制拳頭，你是怎麼做到的？」

我對小齊說：「老師看到你有很大的進步耶，雖然你還是不小心罵了導師三字經，但老師知道之前你會忍不住動手打人。現在你學會控制拳頭，你是怎麼做到的？」這樣說，是讓小齊知道他的努力和改變，我有看到。我們也進一步去討論改變的歷程。

「老師相信只要是你想做的事情，你就能做得到。就像上學期，你跟我說你決定不要再跟人打架，後來你就真的都沒有動手了。那麼，下次當你忍不住，又想罵髒話時，你可以怎麼幫助自己控制脾氣呢？」

這個說法，**讓小齊知道「我相信你做得到」**，**提升小齊的改變動機**。而且，**我們也具體討論可以怎麼做**，例如：生氣時先離開現場、深呼吸、數到十再說話。

如果我們認為孩子就是壞的無可救藥。當小齊每次犯錯，就嚴厲地責備小齊，那麼，惡性循環將會不斷產生。

小齊可能會覺得導師就是針對自己，而故意做出更多惹人厭的行為，導致師生關係愈來愈糟；這樣一來，導師可能更加覺得這個孩子就是糟得無藥可救。而小齊的心裡將再次驗證：「我就是個不值得被愛的孩子」、「不僅媽媽想把我送到精神病院，導師好像也想放棄我了」。

如果我們願意用不同的眼光，看見孩子一點一滴的好，看見孩子每個微小的改變，放大這些小改變。那麼，我相信將有一天，小改變能累積成為大改變，慢慢扭轉惡性循環成為良性循環。

惡性循環不會在短時間就變成良性循環。在這個過程中，孩子可能還是不斷做出各種讓人理智線斷掉的事情，或是表現出滿不在乎的態度，讓大人很想放棄。但如果我們真的放棄了，孩子將再次驗證「我就是個不值得被愛的人，你們說關心我、愛我都是假的」。

因此，**我們能做的，就是陪在孩子身邊，讓他知道，有個人不會放棄他、相信他**。努力放大孩子的每個小改變，就像種下一顆又一顆的種子，等待它的發芽。

孩子最缺乏，卻也最需要的，是願意花時間理解他遇到什麼困難的人

這學期，我也上了三次小齊他們班的課。小齊上課不是和同學大聲聊天，不然就是趴睡，一副吊兒郎當、滿不在乎的態度，讓我不禁為之氣結。

有一次，我忍不住拍拍小齊的桌子，開玩笑地對他說：「你都來輔導室和我聊天耶，給

我一點面子，好嗎？這樣我很難過耶！」

小齊睡眼惺忪地揉著眼睛看著我。但在下課前五分鐘，他不小心又睡著了。

在那一刻，我深深體會到，我如果是他的導師，可能也會忍不住想對他破口大罵，也想放棄他。

身為爸媽或老師的你，有管教的立場，當看到孩子消極，甚至反抗的態度，會覺得自己到底是為誰辛苦、為誰忙。「我這麼用心的教學，這麼用心想要拉你一把，不想放棄任何一個孩子，你卻在那邊擺爛！」

如果我不是他的輔導老師，我的確也只會看到他上課趴睡、吊兒郎當、嗆老師的這一面。他的這一面，讓大人既無奈又生氣。但若我們只用這個角度看小齊，就離他愈來愈遠了。

孩子這樣的狀況，真的會讓人非常生氣，氣他的態度，也氣自己的用心良苦被孩子糟蹋。事實上，責備孩子的絕對不會只有你一人，爸媽、導師、任課老師、生教組長都是；但其實，孩子最缺乏，卻也最需要的，反而是願意花時間去理解他遇到什麼困難，導致他做出這些偏差行為的人。**但這是更困難的任務，因為我們都被孩子給惹毛了。**

因此，若孩子出現問題行為、對父母師長的對立反抗已經非常嚴重，這時候可能需要一個與孩子平常生活不相關的人，用另一個角度，理解孩子問題行為背後的動機、問題行為滿足了哪些內在心理需求，和孩子談談心裡話。

若有需要，歡迎你善用各校輔導室的資源。專任輔導教師皆受過專業訓練，可以提供孩子諮商、提供父母及導師諮詢，讓我們各司其職，共同合作幫助孩子。

你和另一半的關係好嗎？

別讓孩子成為父母的「情緒配偶」

當孩子出現問題行為時，你和你的另一半關係還好嗎？他是「神隊友」，你們總能同心協力地處理孩子的問題，若對於孩子的看法不同，也能理性溝通；抑或他是「豬隊友」，總是扯你後腿呢？

我覺得另一半不是神隊友沒關係，但至少他不能是豬隊友。他不要總是扯你後腿，他可以練習當個旁觀者就好，尊重你的管教，而非破壞你的管教方式。例如：你和孩子約定每天玩電腦半小時。半小時後，你把網路關掉；結果孩子去求爸爸，爸爸居然就把網路打開了！

當你們的管教態度不一致時，孩子自然會見縫插針、柿子挑軟的吃、喜歡找好說話的那方，**久而久之，孩子和好說話的那一方就形成了「聯盟」，共同對抗另一方——這是家族治療中提出的「三角關係」**。

有一對夫妻的關係很差、貌合神離。結婚後沒多久，兩人因為小事激烈爭執、針鋒相對，太太跑回娘家訴苦。之後，丈母娘打電話來指責先生的不是，讓先生心裡非常不舒服。娘家介入夫妻關係，讓問題變得更複雜。

他們有一個孩子小迪，是個小六的男生。當孩子上國中之後，兩人之間就不太吵架了。平時不太講話，發生事情時則時常冷戰。

小迪不喜歡家裡的肅殺氣氛，也不喜歡媽媽對自己很兇。放學後，他常常和同學留在學校打球、聊天，拖到天黑才回家。回家後，小迪也不想寫作業，常常打電動到半夜。

媽媽看到孩子這個樣子，好說歹說也沒用，忍不住對小迪大聲咆哮。小迪後來乾脆跑到同學家打電動，好幾天不回家。

爸爸不認為小迪的狀況很嚴重，爸爸覺得：「誰小時候不喜歡打電動、誰沒有叛逆過？」爸爸覺得是因為媽媽太兇，才讓小迪想離家出走。

小迪覺得媽媽管得太嚴格，自然就靠向爸爸；當媽媽關網路，爸爸拗不過小迪的哀求，偷偷再把網路打開。而爸爸認為小迪的問題沒什麼大不了，媽媽覺得自己孤軍奮戰，只好回娘家訴苦。

這一次，阿姨也來找小迪了。小迪喜歡阿姨買好吃的東西給自己吃，但阿姨跟媽媽一樣囉嗦、說一些「要認真讀書，以後才有前途」的無聊話。丈母娘則是指責爸爸沒有盡到管教的責任，小迪今天才會變成這樣。

夫妻的婚姻滿意度愈低，孩子愈容易在夫妻爭吵時涉入其中，形成三角關係

另一個七年級的孩子小亦，是因為懼學的狀況而來到輔導室。小亦從國小就開始有懼學的狀況，當學校發生一些壓力事件，例如：換新導師、交不到朋友、考試太多、老師太兇、朋友不理自己時，小亦就無法入班。

小亦的父母本來關係就已形同陌路。有一次，爸爸因孩子好幾天沒去上學，而打了小亦一巴掌。媽媽覺得小亦不是故意不去上學，而爸爸這麼兇，嚇到小亦了！因此，媽媽開始會幫小亦隱瞞沒去上學的狀況。

小亦的懼學沒有好轉。在媽媽的保護之下，小亦更少去學校了。之前小亦怕被爸爸打，一週還會勉強自己到校兩天，現在小亦的爸爸根本不知道小亦的狀況，小亦兩週才來學校一次……

當夫妻關係時常發生衝突或陷入僵局，往往會不自覺地拉進第三者來降低關係中的焦慮，而形成莫瑞・鮑文（Murray Bowen）家庭系統理論中所說的「三角關係」（relational triangles）。如同文中的案例：小迪和爸爸共同對抗媽媽，小亦的媽媽幫忙小亦隱瞞爸爸，而產生三角關係後，問題變得更加複雜。

研究發現，當夫妻之間的婚姻滿意度愈低，孩子愈容易在夫妻爭吵時涉入其中，而形成三角關係。

根據研究，孩子可能會以下列四種方式，形成親子間的三角關係

1 跨代聯盟：孩子變成父母的「情緒配偶」

父母之間時常爭執，使得父或母向孩子訴苦、試圖拉攏孩子，甚至希望孩子能選邊站。有些孩子夾在中間，覺得不知所措，對另一方感到罪惡感。也有些孩子和某一方形成心理同盟，例如孩子和父親同仇敵愾地認為母親外遇背叛了家庭，孩子覺得父親很可憐，母親很可惡。久而久之，孩子可能也會覺得自己不能離開父親、心疼父親。

這樣的孩子長大後，可能凡事都以他人的需求為優先，替他人著想而犧牲自己；認為唯有被他人肯定，自己才是有價值的，導致低自尊。

當孩子也進入婚姻，可能會對婚姻有強烈的恐懼及不安全感，害怕重蹈父母的覆轍；或對於性別產生偏見，像是認為「男人都不是什麼好東西」。

2 親職化：孩子成為「小媽媽」

面對父母的衝突或缺席，孩子開始盡力做個「乖孩子」，把自己分內的事情做好，不讓父母操心。

有些孩子會開始承擔更多的家務、照顧弟妹，或中斷學業、打工賺錢幫忙還債，甚至照顧生病或失能的一方（如生病臥床、酗酒、失業），變成了父母的父母。

而**在華人文化中，親職化的孩子可能反而是被讚揚、肯定**，例如被讚美是「孝順的孩子」、「長姊如母」。

孩子在身心發展未成熟的狀況下，被迫提前長大，承擔超過自己所能負荷的壓力，導致這些孩子長大後，可能習慣壓抑或忽略自己的需求。

3攻擊式迂迴（代罪羔羊）：孩子被認為是「小惡魔」

當父母持續衝突時，孩子若出現問題行為，父母就能聯合起來，共同處理孩子的問題，而轉移夫妻原本婚姻的衝突。孩子也會相信自己是不乖、有問題的孩子，形成負向的自我應驗預言（self-fulfilling prophecy），而做出更多偏差行為。

而孩子的小問題，可能被放大為嚴重、叛逆、故意的狀況，使得親子衝突愈發強烈。

4支持型迂迴：孩子變成「小病人」

面對父母持續的衝突，有些孩子表現出體弱多病、無能的樣子（如懼學、憂鬱症等），使得父母忙於照顧孩子，而無暇繼續發生衝突。

因此，這些孩子的病痛很難真的好起來，而父母則更有理由擔心孩子的身體狀況。這麼一來，便形成惡性循環。

夫妻之間的衝突由夫妻處理，別讓孩子涉入其中

我覺得最重要的是父母的「自我覺察」。你有發現自己有意或無意地涉入三角關係中

嗎？如果你和家人已經出現三角關係，我覺得**關鍵是：回到原本最單純的夫妻關係及親子關係**。夫妻之間的衝突由夫妻之間來處理，不過度牽扯到孩子、不讓孩子涉入其中。

因為，當孩子與父母形成三角關係，父母就能避開原本的衝突，但孩子卻被迫承擔不該屬於他的責任，使孩子身心無法健康成長，父母也沒有機會好好處理婚姻關係。

另外，**家裡的事情，不要期待讓其他家人來處理**。這個狀況，在關係緊密的華人文化中其實很常見。例如：小迪的媽媽回娘家訴苦，於是阿姨來勸小迪、丈母娘指責小迪的爸爸，使得整件事情、彼此之間的關係變得更加複雜。因為各有立場，更容易互相指責彼此的不是，導致更多誤會的產生。

有一對夫妻，先生的個性穩重，但不太習慣對太太訴說自己的情緒，這使得太太對於先生非常沒有安全感。太太常常詢問先生今天過得怎樣，當先生總是說「還好」的時候，太太便會感到非常不安，不懂先生為何不願意分享。

探討了他們的原生家庭才發現，太太因為自己的父親外遇，母親常常告訴她「男人都是不可靠的」。因此，當婚後太太發現先生這麼木訥寡言、不願分享時，太太從小的傷痛被喚起，開始擔心自己是不是要被拋棄了。

而先生呢？先生在一個高控制的家庭中長大，母親怕先生變壞，不管去哪裡、和誰出去都要向父母報備清楚，父母甚至會要求先生，要先把同學帶回家讓父母認識，才能出去；

也會偷看先生在社群網站上和同學的對話。因此，先生很厭惡父母的高掌控，根本不想對家人吐露心事。高中便開始住校，想遠離父母一些。而太太婚後瘋狂查勤、不斷詢問的舉動，根本就讓先生嚇壞了，使得先生只想躲得更遠。

但當先生躲得更遠，太太就更想追。太太開始懷疑先生外遇，對孩子抱怨先生的種種不是，說得聲淚俱下。於是，孩子開始討厭爸爸，變成了媽媽的「情緒配偶」。孩子也心疼媽媽，覺得自己不能離開媽媽身邊。

我們對對方的不滿，是由於自己的「內在需求」沒有得到滿足

在一段關係中，「自我覺察」非常重要，我們可以試著先弄清楚自己的內在到底怎麼了。

很多時候，我們對於對方的不滿，是由於自己的「內在需求」沒有得到滿足。**如果你沒辦法自我覺察，就會不斷地把情緒投射到他人身上。**

這樣的狀況，使得先生和太太在各自有自己議題的狀況下，期待對方能滿足自己的需求，卻發現對方做不到，最終讓彼此在關係中不斷受傷。最後，當夫妻產生強烈衝突或是形成僵局時，為了緩解焦慮，導致孩子被牽扯進來，形成「三角關係」。

夫妻可以尋求婚姻諮商的協助。其實，夫妻今天會有過不去的坎，可能和過去原生家庭的成長經驗有關。過去的傷，造成了防衛及誤會，阻礙了夫妻之間彼此的理解。

透過婚姻諮商，文中的先生能開始理解太太為何這麼期待婚姻中，先生的各種分享，太太也會理解：先生為何如此恐懼自己不斷的詢問。

相愛的兩人，如果能用愛化解彼此過去的傷痛，那必定是最幸福的事了！

Part 6

父母的自我覺察與照顧

孩子無法達成父母期待

是父母對自己「不足」的投射？

在各校的親職講座演講時，我很喜歡帶著家長進行一個活動：

步驟一：請你在下方表格的第一個框框中，勾選出你希望你的孩子有什麼特質。

步驟二：請你在下方表格的第二個框框中，勾選出你自己有的特質。

你希望你的孩子有哪些特質？

■ ■ 01 積極努力	■ ■ 07 分辨是非	■ ■ 13 守規矩
■ ■ 02 遵守承諾	■ ■ 08 熱愛學習	■ ■ 14 守時
■ ■ 03 自動自發	■ ■ 09 同理心	■ ■ 15 勇敢
■ ■ 04 腳踏實地	■ ■ 10 有禮貌	■ ■ 16 樂觀
■ ■ 05 懂得感恩	■ ■ 11 有毅力	■ ■ 17 誠實
■ ■ 06 溫和友善	■ ■ 12 專注力	■ ■ 18 聽話

自責無法讓事情變好，反而讓我們將改變的能量用來自我批評、攻擊自己

在多場親職講座進行步驟一時，有些家長會忍不住對我說：「我覺得全部都很重要耶！」也有一些家長分享，孩子有的特質他沒有圈選，他圈選的是孩子沒有的特質。也有一些家長很克制的只選了幾個。

進行步驟二時，有趣的是，有一些家長說：「怎麼辦？我全部都沒有耶！」也有一些比較能自我肯定的家長，覺得自己全部都有，或是勾選其中的一些。

最有趣的是，在步驟一勾選全部都要的家長，反而很容易在步驟二發現自己好像都做不到。若我們對孩子的期待愈多或期待愈高（對他人的高要求），當我們回過頭想想自己時，才驚覺其實自己好像也沒有完全做到。

這個活動讓我們清楚看到我們對孩子有多少期待。其實父母的期待，孩子都能感受得到。當孩子感受到父母這麼高的期望，卻發現自己做不到，孩子可能會擔心自己讓父母失望，而感到自責。

自責，是「自我攻擊」的一種情緒：後悔自己事情做得不夠好，責備自己怎麼這麼糟。事實上，自責無法讓事情變好，反而讓我們將改變的能量用來自我批評、攻擊自己。

這個活動，也讓我們看到「理想我」和「真實我」的不同。理想我，是我們期待自己成

為的樣子；真實我，是心中認定自己的樣子。步驟一，是父母對於孩子的理想我；步驟二，是父母自己的真實我。

「理想我」和「真實我」之間的差距

當「理想我」和「真實我」之間的差距愈大，代表孩子離自己心目中理想的樣子愈遠，孩子可能會過得愈辛苦，甚至出現憂鬱的情緒。

偏偏憂鬱會讓自己有更多負向感受，如自責、懊悔等，容易使人沉浸在負向思考中，無法自拔，認為自己就是一個「不夠好」的人。當孩子相信自己不夠好、不值得被愛，孩子可能花了很多時間在責備自己，反而更難將力量用在達成「理想我」上面。

當孩子發現自己無論怎麼努力，都不可能得到父母師長的「正向關注」，無法達成「理想我」，例如不管怎麼努力考試，成績都在中間；再怎麼努力，就是沒有其他同學或兄弟姊妹的聰明伶俐或懂事貼心，沒有那麼得人疼。

於是，孩子可能開始出現一些問題行為，例如說謊、欺負他人等，試圖得到父母的關注，因為就算得到的是「負向關注」，但**負向關注也是關注啊，關注總是比被忽略好**。（參見一一五頁〈孩子變壞了，怎麼辦？孩子用偏差行為來獲得關注〉一文）。

不過換個角度思考，如果我們希望孩子長得就像這張表一樣，那是多麼可怕的一件事！因為，怎麼可能有人「總是」積極努力、遵守承諾、自動自發、腳踏實地、懂得感恩……做到這全部的十八項？這樣的孩子，就像是模範生，努力做「完美」的自己，但卻不是「真實」的自己。努力地成為「理想我」，把「真實我」藏了起來。

模範生是個榮耀，但也如同一道枷鎖，鼓勵孩子在世俗的框架下，要認真進取、有禮貌、進退得宜、熱心助人等；使得身為模範生的孩子，可能不允許自己表現得不夠好、不允許自己失敗和脆弱。

父母能不能接納孩子逃避、懦弱、亂發脾氣……

我們可以練習問自己：

- **我能不能原諒孩子**因為不想念書、不想寫作業而拖拖拉拉？其實，我們也常常偷懶，抗拒不喜歡的差事，將討厭的工作往往拖到最後一刻才做。
- **我能不能接受孩子**有時候只想到自己、沒有替對方著想？因為有時候我們也有點自私，不想再為別人付出。
- **我能不能接納孩子**因為害怕失敗而不敢上台，或是在親友面前不夠大方、害羞、扭扭揑揑？因為，我們有時候也會害怕人群，上台報告前也會緊張，擔心別人會給自己不好的評價。

- **我能不能接受孩子**的逃避、懦弱？因為我們也常常不夠勇敢；對於生活中的挑戰，我們也會感到害怕、想要逃跑。
- **我能不能接受孩子**有時亂發脾氣、大哭、失落或自責，不急著要求孩子樂觀、正向思考？因為，這些情緒我也都有，每個情緒都有它存在的意義。

我們是否能將上面那張表的十八個期待孩子擁有的特質改為：我願意接受自己的脆弱、不完美，且能勇敢面對生活中的挑戰呢？因為，唯有當孩子不用在你面前當個完美、不能犯錯的孩子，他才能真正活得安心，他也不用對你說謊、隱瞞了。

孩子為什麼要說謊？

另一個父母很關心的問題是，到底孩子為什麼要說謊？

通常是這樣開始的：父母要求孩子達成某個任務，孩子發現自己做不到（例如：每科要考八十分），但仍然答應父母會做到。

孩子考不到這個成績，怕父母失望或擔心被責備，也想得到考試考得好的獎賞（如零用錢），而竄改成績、偽裝父母簽名或是用作弊來得到好成績。

結果這個行為被父母或老師發現，因而責備孩子為什麼要說謊。原本孩子只是因為成績不好而被唸，現在連品行都被懷疑。

當你發現孩子會隱瞞或說謊，除了釐清孩子的動機之外，值得思考的是：父母訂的標準是不是太高了？像是有些孩子的標準可以訂九十分，有些孩子可能只能七十分。

當我們不小心把標準訂得太高，孩子發覺他不管怎麼努力都做不到時，孩子可能選擇擺爛或放棄，也有一些孩子用作弊或說謊的方式來努力弭平這個「理想我」和「現實我」之間的差距。

你是在氣不夠好的自己嗎？

我們對孩子的期待，很多時候是因為**我們把自己的「不足」，投射在孩子身上**。

有一次我帶著女兒下車買東西，我覺得四歲的她可以扶著車門自己跳下來，因此我沒有抱她，而是催促著她趕快跳。但她卻在車門口躊躇不前、扭扭捏捏，希望我扶她一把。眼看後面又有來車，時間也快來不及，我更大聲地催促她趕快跳下來。可能感受到我的怒氣，她最後終於自己跳了下來。

後來我思考：「為什麼那個當下，我會那麼生氣、那麼不耐煩？」我想到自己運動細胞不好，當小時候體育課接不到球時，常常覺得自己很丟臉。因此，我看到女兒笨手笨腳的樣子，其實是看到那個不夠好的自己。那個生氣，不是對女兒，我是在氣那個笨拙的自己啊！**其實這個生氣，對她並不公平。**

因此，身為父母的你也可以想想，上述你對於孩子的期待，有哪些其實是你對於自己的期待呢？那些我們沒有達成的，將更有可能加諸在孩子身上。當你對於孩子某些行為特別容易生氣時，這時候反而值得思考，這真的是孩子的錯嗎？還是，你是在氣那個不夠好的自己呢？

希望我們都能允許孩子做真實的自己，不用做完美的自己。其中**最關鍵的是，身為父母的你，能接納那個真實的、不夠好的自己嗎？**

希望我們和孩子，都能做真實的自己，不用做完美的自己；讓「理想我」和「現實我」更靠近一些。允許自己犯錯，再來修正；而不是努力不犯任何錯。

如此一來，我們都能更誠實的面對自己，不需要偽裝，也能活得更安心。

你常忍不住對孩子發脾氣嗎？

在孩子身上，看見「自己不夠好」的影子

你常常忍不住對孩子發脾氣嗎？在成長過程中，每個人都曾經被父母責備。我的朋友小君和我分享，對於媽媽的大發雷霆，小時候的她，除了感到害怕、生氣，也覺得自責；但實際上，還是不懂自己到底做了什麼，惹得媽媽這麼生氣。一直到小君自己也生了孩子以後，終於可以體會，當她脾氣拗起來，為何媽媽會發火了。因為，孩子和小君的脾氣實在太像了！

小君說，孩子現在五歲，當她犯錯被責備時，常常表現出倔強的神情、好強又不服輸的態度、跺腳、張牙舞爪的樣子，讓人忍不住心頭的怒火。

有時候，小君會跟先生抱怨孩子不好帶、脾氣很拗，先生卻說：「孩子的脾氣，就跟你一模一樣啊！」一開始，小君聽到很生氣，因為小君想討拍，結果卻像被罵；但後來只要先生跟小君這樣說，小君都會誠摯地跟先生說聲對不起。

小君笑著跟我說：「因為，受害者其實根本不是我，是我先生啊！」

「小時候我也覺得媽媽很兇，但一不小心，我卻變得跟我媽一模一樣，尤其是說話的口氣。」

「孩子會學我跟爸爸說：『你開車開太快了！』『爸爸，你不要再滑手機了！』而且還手扠著腰、皺著眉頭，架式十足，讓我們哭笑不得。」

因此，值得思考的是，當你覺得孩子脾氣差，請你先回過頭來想一想，你或另一半脾氣好嗎？

你怎麼對孩子，孩子在潛移默化中，可能就變成你的樣子。你怎麼對待孩子，孩子也可能怎麼對你。試想，一個常常對孩子大吼的媽媽，孩子怎麼可能學會輕聲細語地說話呢？

在孩子的成長過程中，父母時常會叮嚀孩子該注意的事情，對孩子耳提面命。也有很多父母會抱怨「我講的孩子都沒在聽」。你也認為你的嘮叨，孩子總是左耳進、右耳出嗎？

其實，孩子都有聽進去，都藏在他的「潛意識」中。等孩子長大就知道，他將來責備孩子的話語，就跟你曾經罵他的話一模一樣。例如：「書都念不好，長大還能做什麼？」

你會不會已經長大成人、甚至為人父母了，卻仍覺得父母叮嚀或責備的聲音彷若就在身旁？

就像我有一個個案曾說，如果他一整天沒有吃綠色青菜，他就會覺得渾身不對勁。因為他有一個非常注重健康的媽媽，每天桌上都有一大盤燙青菜。因此，在他長大後，只要一天沒吃青菜，就會覺得自己很不應該，會想辦法趕快吃到青菜。

你怎麼看孩子，深深影響孩子怎麼看自己

值得注意的是，你怎麼看孩子，深深影響到孩子怎麼看自己；你說的話，孩子的潛意識都記得。

心理學家提出「比馬龍效應」這個概念：心理學家在一九六六年做過一個實驗，研究人員測量小學生（受試者）的智商，之後隨機抽出百分之二十為實驗組，對教師聲稱實驗組的小學生是資優兒童。大約一年後，研究人員再為實驗組的小學生測試智商，他們驚訝地

發現，實驗組的智商增長率明顯高於其他小學生。

為什麼實驗組的小學生智商明顯提高了呢？可能是因為他們被老師、家長視為是資優兒童，因此有更多的鼓勵、肯定和讚美，或是讓他們有更多表現的機會，提升了他們的學習動機與自信。這個效應被稱為「比馬龍效應」（Pygmalion Effect）。

「比馬龍效應」和「自驗預言」（self-fulfilling prophecy）、「吸引力法則」（the law of attracting）類似，「自驗預言」為美國社會學家羅伯特・金・默頓（Robert K. Merton）提出，是指因人們先入為主的判斷，無論是否正確，都將或多或少影響到人們的行為，而使這個判斷最後真的實現。簡單來說，自驗預言就是人們在不經意間使自己的預言成為現實。

因此，如果你覺得自己做得好，你自然就更容易做得好，反之亦然。

這個概念也類似我們常聽到的「吸引力法則」，當個人打從心底期望某件事情，宇宙自然會有力量吸引這些你期盼的東西靠近，最後這些力量會引導你得到你的渴望。

在孩子身上也是一樣，當老師相信一個資質平庸的孩子可以達成任務，那麼他很有可能開始有突出的表現；當一個孩子被貼上壞孩子的標籤，那麼他可能真的會愈來愈壞；如果你一直焦慮孩子的成績，孩子可能自信心降低，感到自己很笨、考不好，無法達成大人的期待，考試可能就更容易緊張，導致更容易失常。

相信孩子做得到、相信孩子是個好孩子，對孩子來說，就是一個很大的力量。

另外，對孩子生氣時，我覺得很重要的是弄清楚：是孩子的錯嗎？還是除了孩子的錯誤以外，其實自己就已經被惹毛了，最後就變成對孩子發火。

例如：太太和先生在吵架，最後就變成兩人一起罵小孩。

例如：今天上班不太順利，回家之後小孩又調皮搗蛋，平常都有耐心和孩子好好談，但因為工作上遇到煩心事，忍不住對孩子大吼。

父母做不到的，希望孩子幫忙實現?!

我們往往不小心把未被滿足的渴望投射到孩子身上，我們做不到的，希望孩子幫我們實現，為我們圓那個未完成的夢。

這是一個關於「完美」的課題，所有的不夠好、生命中的缺憾，如果孩子能幫我們實現，那人生似乎就圓滿了、不會再有遺憾。

請你想想看，孩子最讓你受不了的是什麼？例如：對長輩態度不佳、學習態度消極、頂嘴、不肯認錯、愛玩、整天滑手機……

想一想，這個背後的擔心是什麼？

例如：擔心他以後沒前途、希望孩子少走冤枉路、希望孩子以後不要像我一樣辛苦、彌補自己過去無法完成的夢等，甚至有些人會懷疑自己根本就不是個好媽媽／好爸爸。

你對於孩子的某些行為，情緒特別強烈嗎？請你先釐清，這完全是因為孩子本身的錯嗎？還是從孩子的行為中，你看到了那個不夠好的自己呢？

父母溫柔地對待自己受傷的「內在小孩」

我們可能把生命中未被處理好的重大經驗，或是自己的不足，投射到孩子身上。之前有個個案的爸爸對於孩子的成績非常要求，造成孩子很大的壓力。

爸爸後來跟我說，因為他的哥哥和弟弟成績都很好，念建中、台大，只有他讀私立學校。因此，這位爸爸一直覺得自己被人看不起，而感到自卑。

因為爸爸這樣的成長背景，他的核心信念是：唯有成績好，才會有好的未來。「我希望孩子過得比我還要好。」因此，爸爸從小就全程陪讀，送孩子去補習，幫孩子報考資優班，希望孩子以後可以當醫生。而孩子因為課業壓力過大，開始出現啃咬指甲的狀況，親子關係也變得十分緊張。

如果我們可以釐清，這個內在需求是來自於自己未被滿足的夢想，或許就不會讓孩子來承擔自己的需求。**練習與自己和解，才是真正的關鍵**。

另一位朋友曾經和我分享，他很害怕工作時要上台報告，或是在人多的場合中被糾正錯誤。因為國中時，他有一次在台上緊張到一句話都說不出來，被班上同學取笑。從那次之後，他就非常害怕在眾人面前出糗。每次上台報告前，他都會一直拉肚子。

當他能覺察到為何每次上台報告前會那麼緊張，就有能力溫柔地對待自己的「內在小孩」，好好陪伴自己，例如**告訴自己：「這已經是過去的事情了，現在的自己，已經比以前進步許多」**。

當我們能承接自己最脆弱的那一面，才能真的長出勇氣。

當你有強烈情緒時，能否覺察自己的內在怎麼了

和家人相處的過程中，難免會發生衝突，產生爭執或不愉快。在吵架過後，我覺得很重要的是，你有沒有能力去關照你的內在？你有沒有能力去覺察：當你有強烈情緒的時候，你的內在怎麼了。

例如，小孩在學校和同學打架，先生責備你說：「你怎麼沒把小孩顧好」，讓你氣到離家出走，先生也對你這麼激烈的反應感到非常不解。

原來，會這麼受傷、也覺得自己的付出一點都不值得，是因為小時候，媽媽曾經這樣罵你：「這麼簡單的事情也做不好，你是不是來討債的？我一輩子做牛做馬都是為了你們，那你是怎麼對我的？」

練習「告訴對方，你在氣什麼」

當你被先生責備，你的腦海中又浮現媽媽的臉時，會讓問題變得十分複雜。先生會很困惑，他就是抱怨一句，你怎麼會生氣成那樣？

如果你希望能和家人和諧相處，要慢慢培養一個能力，就是練習「告訴對方你在生什麼氣」；而不是每次都惱羞成怒卻不承認自己在生氣，也不說自己在氣什麼。因為，如果你生氣只顧著亂射箭，讓旁人掃到颱風尾；而且，如果你不說，別人根本不會知道：你是因為想到媽媽之前對你說的話，才會那麼生氣。那麼，無論是親子關係還是伴侶關係，可能一不小心就受傷了。

其實，**你的生氣，是在保護自己脆弱、不堪一擊的自尊心**，也是在保護受傷的內在小孩，不是針對先生啊。

正是因為相愛，相處才這麼困難。我們可以練習：和家人相處時，把家人當作是同學或同事來相處。因為我們往往對外人很客氣，就算被冒犯，也不敢輕易生氣，可能忍氣吞聲，也可能說得很委婉。我們對外人這麼的寬容，為何卻不能練習對關係最緊密的家人溫柔一點呢？

就算孩子的狀況沒有變好

你能不能看到自己做了哪些努力？

小嫒是九年級的女生，有拒學、作息顛倒、網路成癮的狀況，大概一週到校一兩天。小嫒的回答總是非常簡短，例如：「還好、不知道、差不多、隨便。」面對這樣的非自願個案，我都覺得自己快變成非自願輔導教師了！我總是努力地找話題，想靠近小嫒的心一些，但卻總是感到處處碰壁。

在小嫒到校的時候，導師偷偷安排了小天使，請小天使多去跟她說話。但個性內向又倔強的小嫒，一下課就趴睡，拒絕同學的關心。同學常常吃閉門羹，最後只好也放棄了。

我跟小嫒談了一年多，很多時候還是很懷疑，我們是不是真的建立關係了？

這一次晤談，小媛居然主動跟我說：「我現在覺得爸爸比媽媽好，因為爸爸和阿嬤會煮三餐、幫我換厚被子、叫我多穿件衣服、爸爸煎的牛排很好吃。之前在媽媽那邊，媽媽很晚才下班，常常叫foodpanda。」

小媛的父母在她小一的時候就離異了，她跟著媽媽。媽媽是外商公司的高階主管，工作繁忙，但我也看到她在盡力照顧孩子。

但小媛和媽媽之間衝突不斷。八年級時，媽媽覺得小媛常常不上學、待在家打電動，再這樣下去實在不是辦法，想要關她網路。她便在房間裡摔東西，鄰居上來抗議，說「再吵就要報警了」。媽媽就不敢再關網路了！

最近媽媽到國外出差，只好把小媛送到爸爸家。她住在爸爸家已經四個月了，這次晤談，我第一次看到她的眼睛有了光采。

因為感受到溫暖，孩子願意多說些自己的事

可能因為開始感受到溫暖，小媛告訴我好多以前的事情：

「其實我七上成績還不錯，還有前十名。七下開始聽不太懂，也不想寫作業。那時候開始打電動、日夜顛倒、開始中輟。其實我很後悔，如果我那時候沒有開始打電動，是不是

不會變成今天這個樣子？

「現在我真的不知道為什麼要來上學，很沒有意義、很浪費時間，因為我坐在教室裡根本聽不懂。」

當天我忍不住打電話給爸爸，告訴他：「你的愛、你的努力，小媛收到了！」

爸爸也和我分享他的挫折：「其實我問小媛什麼，她都不太說話。講到上學，她就跟我頂嘴，我發現這個孩子不能硬碰硬，她也只有這陣子來住我這邊，我怕破壞關係，只能慢慢跟她談。其實她小時候不是這個樣子，是很愛撒嬌、討人喜歡、很開朗的一個孩子。」

這位可愛的爸爸甚至激動地跟我說：「我等一下下班就去買牛排回家！」

你猜，這樣奇蹟般令人感動的場景多常發生？大概一兩個月一次吧！其他時候，我也是每天努力地與挫折奮戰著。這學期，我有十位拒學、在中輟邊緣的學生，常常上班都好挫敗。

這樣令人感動的時刻過後，你覺得孩子的行為真的有什麼明顯的改變嗎？並沒有。

下一次的晤談，相較上一次小媛的掏心掏肺，小媛又回到原本冷漠的模樣：「最近還好啊，沒發生什麼事，沒什麼好談的。家裡、上學差不多就是那樣，也沒什麼開心的時候……」唉，好像從頭到尾只有我和爸爸自作多情，自己在那邊感動到不行而已。

若我們能站在孩子的角度想，小媛已經拒學一年多，課業怎麼可能跟得上？怎麼可能突然愛上學習？在教室聽八小時聽不懂、鴨子聽雷般的課程，讓更多九年級、面臨會考壓力的孩子選擇逃跑。

身為爸媽、導師或輔導教師的你，面對孩子的問題行為，還有滿不在乎、頂嘴叛逆的神情，可能非常挫折。甚至擔心再這樣下去，孩子的未來就要完蛋了，而焦慮不已。

我想，小媛到畢業前，很可能還是會維持現在這樣一週來一兩天的狀態。那你覺得孩子有變好嗎？

孩子的問題行為可能沒有改變，而其他微小的改變可能不用心看還看不見，例如：孩子願意分享更多心裡的話、發脾氣的程度減緩一些、能用較好的方式抒發情緒、願意多讀十分鐘的書、自我覺察的程度提高（能更完整的描述一件事情、或分享自己更細膩的感受）、小媛開始收到爸爸和阿嬤的愛。

以上這些，你認為是改變嗎？

陪伴是指讓孩子知曉，不管他遇到什麼鳥事，都有一個人陪著他

另外，當孩子的行為沒有改變，你能看到自己的努力嗎？（例如：每天關心孩子在學校的狀況、煮三餐給孩子吃），還是你會覺得你的努力根本就是徒勞無功，而非常挫敗呢？

小媛的大改變可能不是現在就會發生，她很可能就這樣一週來一兩天直到畢業。我們期待孩子在最後關頭願意奮力一搏，拚拚看會考，但這往往是大人的期待；大多數的孩子因為課業已經落後太多、跟不上，無力把落後的課業補回來，而選擇上課繼續放空、繼續不念書。

我們只能陪著小媛去思考高中想念哪個科系、哪個科系才是自己真正喜歡的，慢慢開始找回對未來的一點點希望感，慢慢找回那個快樂的自己。

這篇文章，想送給每個正在努力與孩子奮戰、百般糾結的你，我們不知道孩子哪時候才會改變，我們能做的，就是一點一滴「高品質的陪伴」。

而且，陪伴絕不只是為了希望孩子改變而已；而是讓孩子發現，不管他遇到什麼鳥事、倒楣事，都有一個人陪著他不離不棄。

你有看到自己的優點嗎？

當孩子的行為沒有改變時，陪伴孩子的你，能看見自己的用心嗎？

英國兒童心理學家溫尼考特（Donald Winnicott）曾說：「沒有『完美』的父母，只有『夠好』的父母（good-enough mother）」。

我們不需要成為完美的父母，因為你已經是個「夠好」的父母了。很重要的是練習看見自己做得好的地方，例如「我生氣的時候會試著冷靜一下，不會馬上對孩子發脾氣」、「會跟孩子說我愛你」、「即使覺得孩子一堆藉口，還是願意沉住氣聽孩子說的話」等。也想請你回頭看看一五九頁，你寫自己做得好的五件事。

當我們能看見自己的努力和用心，發自內心**相信自己「已經是個夠好的父母」，我們就不再需要用外在的評價或孩子的表現來看自己是不是完美的父母**。光是能養家活口、準備三餐、關心孩子、孩子緊急狀況的處理，就已經夠辛苦了，都值得你好好肯定自己。

大學三年級，我第一次諮商時，心理師請我把每天做得好的事情記錄下來。下週晤談時我告訴他：「我找不到任何一件做得好的事情，因為這些事情本來就是我『應該』要做到的！」讀到這裡，你應該就能猜到，為什麼我有很長一段時間都很憂鬱、容易負向思考了！因為，當我都認為自己的優點是理所當然、本來就應該要做到的；那麼，我會看不到我的優點，我的目光所及將全部都是缺點，而導致更多的自責、覺得自己不夠好。

請記住，不要把任何你做得好的事情視為理所當然，任何小小的好的事情都值得你為自己喝采。

請告訴自己，我已經很棒了！我是個好媽媽／爸爸！

當你覺得撐不住了，請記得一定要求援，因為有開心的父母，才會有開心成長的孩子！

唯有當我們先照顧好自己、安頓好自己的心，我們才有力氣好好陪伴孩子長大。

國家圖書館預行編目資料

先陪伴，再教養：讀懂孩子不愛念書、手機滑不停背後的困境，校園心理師給青春期父母的27則心法／蔡宜芳著.——初版.——臺北市；寶瓶文化事業股份有限公司, 2023.03
面；　公分,——（Catcher；109）
ISBN 978-986-406-344-4（平裝）
1.CST:親職教育 2.CST:子女教育 2.CST:親職溝通
528.2　　112001552

Catcher 109

先陪伴，再教養——讀懂孩子不愛念書、手機滑不停背後的困境，校園心理師給青春期父母的27則心法

作者／蔡宜芳（諮商心理師）
副總編輯／張純玲

發行人／張寶琴
社長兼總編輯／朱亞君
資深編輯／丁慧瑋　編輯／林婕伃
美術主編／林慧雯
校對／張純玲・劉素芬・陳佩伶・蔡宜芳
營銷部主任／林歆婕　業務專員／林裕翔　企劃專員／李祉萱
財務／莊玉萍
出版者／寶瓶文化事業股份有限公司
地址／台北市110信義區基隆路一段180號8樓
電話／(02) 27494988　傳真／(02) 27495072
郵政劃撥／19446403　寶瓶文化事業股份有限公司
印刷廠／世和印製企業有限公司
總經銷／大和書報圖書股份有限公司　電話／(02) 89902588
地址／新北市新莊區五工五路2號　傳真／(02) 22997900
E-mail／aquarius@udngroup.com

法律顧問／理律法律事務所陳長文律師、蔣大中律師
如有破損或裝訂錯誤，請寄回本公司更換
著作完成日期／二〇二二年十二月
初版一刷日期／二〇二三年三月三日
初版三刷日期／二〇二三年八月二十九日
ISBN／978-986-406-344-4
定價／三五〇元

AQUARIUS 寶瓶 文化事業

愛書人卡

感謝您熱心的為我們填寫，
對您的意見，我們會認真的加以參考，
希望寶瓶文化推出的每一本書，都能得到您的肯定與永遠的支持。

系列：catcher 109 **書名：先陪伴，再教養**——讀懂孩子不愛念書、手機滑不停背後的困境，校園心理師給青春期父母的27則心法

1. 姓名：________ 性別：□男 □女
2. 生日：____年____月____日
3. 教育程度：□大學以上 □大學 □專科 □高中、高職 □高中職以下
4. 職業：________
5. 聯絡地址：________

   聯絡電話：________ 手機：________
6. E-mail信箱：________

   □同意 □不同意 免費獲得寶瓶文化叢書訊息
7. 購買日期：____ 年 ____ 月 ____日
8. 您得知本書的管道：□報紙／雜誌 □電視／電台 □親友介紹 □逛書店 □網路 □傳單／海報 □廣告 □瓶中書電子報 □其他
9. 您在哪裡買到本書：□書店，店名________ □劃撥 □現場活動 □贈書 □網路購書，網站名稱：________ □其他________
10. 對本書的建議：（請填代號 1. 滿意 2. 尚可 3. 再改進，請提供意見）

    內容：________

    封面：________

    編排：________

    其他：________

    綜合意見：________
11. 希望我們未來出版哪一類的書籍：________

讓文字與書寫的聲音大鳴大放

寶瓶文化事業股份有限公司

（請沿此虛線剪下）

寶瓶文化事業股份有限公司收

110台北市信義區基隆路一段180號8樓

8F,180 KEELUNG RD.,SEC.1,

TAIPEI.(110)TAIWAN R.O.C.

（請沿虛線對折後寄回，或傳真至02-27495072。謝謝）